# ELEMENTOS DO DESIGN:
## ESTÁGIOS, METODOLOGIAS E TEORIAS

Os livros dedicados à área de *design* têm projetos que reproduzem o visual de movimentos históricos. Neste módulo, as aberturas de partes e capítulos geométricas e os títulos em linhas redondas e diagonais fazem referência aos pôsteres da Bauhaus, a icônica escola alemã de *design*, arquitetura e artes plásticas.

# ELEMENTOS DO DESIGN:
## ESTÁGIOS, METODOLOGIAS E TEORIAS

Maria Verônica Silva Pinto

inter
saberes

**inter saberes**

Rua Clara Vendramin, 58 . Mossunguê . CEP 81200-170 . Curitiba . PR . Brasil
Fone: (41) 2106-4170 . www.intersaberes.com . editora@intersaberes.com

**Conselho editorial**
Dr. Alexandre Coutinho Pagliarini
Drª Elena Godoy
Dr. Neri dos Santos
Dr. Ulf Gregor Baranow

**Editora-chefe**
Lindsay Azambuja

**Gerente editorial**
Ariadne Nunes Wenger

**Assistente editorial**
Daniela Viroli Pereira Pinto

**Edição de texto**
Arte e Texto
Monique Francis Fagundes Gonçalves

**Capa**
Débora Cristina Gipiela Kochani (*design*)
Coffeemill/Shutterstock (imagens)

**Projeto gráfico**
Bruno Palma e Silva

**Diagramação**
Regiane Rosa

**Equipe de *design***
Charles Leonardo da Sílva
Iná Trigo

**Iconografia**
Regina Claudia Cruz Prestes

**Dados Internacionais de Catalogação na Publicação (CIP)**
**(Câmara Brasileira do Livro, SP, Brasil)**

Pinto, Maria Verônica Silva
    Elementos do design: estágios, metodologias e teorias/Maria Verônica Silva Pinto. Curitiba: InterSaberes, 2022.

    Bibliografia.
    ISBN 978-65-5517-303-1

    1. Desenho (Projetos) 2. Desenho industrial 3. Design 4. Produtos novos – Design 5. Projeto de produto I. Título.

21-90195                                                                                         CDD-745.2

**Índices para catálogo sistemático:**
1. Design de produtos    745.2
                Cibele Maria Dias – Bibliotecária – CRB-8/9427

1ª edição, 2022.
Foi feito o depósito legal.
Informamos que é de inteira responsabilidade da autora a emissão de conceitos.
Nenhuma parte desta publicação poderá ser reproduzida por qualquer meio ou forma sem a prévia autorização da Editora InterSaberes.
A violação dos direitos autorais é crime estabelecido na Lei n. 9.610/1998 e punido pelo art. 184 do Código Penal.

# SUMÁRIO

*Apresentação*  8

1 **Metodologia de projeto**  14
  1.1 Fundamentos e etapas do projeto e principais metodologias do design  15
  1.2 Ser humano: necessidades e aspirações  21
  1.3 Funções básicas dos produtos  34
  1.4 Coleta e análise dos dados  37

2 **Análises do processo de design e alguns métodos de projeto**  44
  2.1 Análise do desenvolvimento histórico  45
  2.2 Análise do uso  46
  2.3 Análise comparativa  47
  2.4 Análise estrutural  48
  2.5 Análise funcional  49
  2.6 Análise morfológica  50
  2.7 Guia para análise  51

2.8 *Briefing* de projeto 55
2.9 Requisitos e parâmetros 57
2.10 Definição do problema 60
2.11 Componentes do problema 60
2.12 Materiais e tecnologia 62
2.13 Processo criativo 62
2.14 Técnicas de criatividade 72

3 **Descrição dos métodos de design** 78
3.1 *Reverse brainstorming e brainstorming* individual 79
3.2 Método 635 82
3.3 Caixa morfológica 86
3.4 Busca de analogias 88
3.5 Morfogramas 90
3.6 Biônica 92
3.7 Mapa mental 95
3.8 Sinética 96
3.9 *Persona* e cenário 97
3.10 Morfologia do projeto 98
3.11 Análise de valor 106
3.12 Produção piloto do produto 112

4 **Etapas do projeto** 116
4.1 Problematização 117
4.2 Coleta ou levantamento de dados 129

5 **Desenvolvimento de produtos** 154
5.1 Processo de desenvolvimento 155
5.2 Diretrizes do projeto 164

5.3 Anteprojeto de produtos 166
5.4 Descrição de outros métodos de design 174
6 **Evolução da metodologia de design** 184
6.1 Processos metodológicos de design 185
6.2. Modelos e processos tradicionais 189
6.3 Exemplo de aplicação da metodologia de projeto 194
6.4 Organograma 199
6.5 Levantamento e análise de dados 200
6.6 Público-alvo 201
6.7 Análise comparativa dos produtos da mesma categoria 202
6.8 Análise do conteúdo dos *kits* 203
6.9 Análise ergonômica 205
6.10 Análise da percepção formal 206
6.11 Requisitos e parâmetros 208
6.12 Geração de conceitos 210
6.13 Conclusão 213

*Considerações finais* 214
*Referências* 217
*Sobre a autora* 224

# APRESENTAÇÃO

Esta obra aborda todas as fases do processo de projeto de design, bem como as relações entre elas, integrando-o a metodologias, conhecimentos e teorias de várias disciplinas. Isso por que o processo de design não ocorre apenas por meio das fases projetuais, mas também das ações que há entre elas.

Nesse processo, há uma sequência de etapas que partem de uma necessidade ou de um problema que é identificado pelo designer, há a identificação da solução e, na sequência, o desenvolvimento do produto. Porém, cada etapa é regida por um conjunto de ações realizadas por indivíduos com opiniões diferentes, havendo, assim, múltiplas ideias e informações contínuas.

A atividade do designer é considerada multidisciplinar porque envolve metodologias e teorias de várias disciplinas. Na execução de um projeto de design, as metodologias de projeto fundamentam-se em diversas áreas do conhecimento, auxiliando o pensamento da equipe de projeto.

Para uma melhor compreensão do tema, este livro foi dividido em seis capítulos. No Capítulo 1, abordamos os princípios básicos introdutórios, fundamentais para o conhecimento do estudante de design em relação ao método utilizado no processo de projetos de produtos.

Apresentamos, no Capítulo 2, algumas análises essenciais no processo de design e alguns métodos (técnicas e ferramentas) que podem auxiliar no desenvolvimento do projeto.

No Capítulo 3, descrevemos alguns métodos que auxiliam o projeto como meios intermediários de diversas disciplinas e várias áreas do conhecimento. Há alguns que são adaptações de técnicas ou ferramentas utilizadas em outras áreas, como em publicidade, engenharia, administração, psicologia, entre outras, mas também são utilizados no processo de design.

Por sua vez, no Capítulo 4 apontamos as etapas que devem ser seguidas para um bom desenvolvimento de projeto, além de técnicas e ferramentas que facilitam a geração de alternativas para a criação do produto a ser executado no projeto.

Já no Capítulo 5 apresentamos os processos para o desenvolvimento do projeto de produto que partem das necessidades advindas da problematização, seguindo etapas e ferramentas que auxiliam no processo de projeto.

Por fim, no Capítulo 6, abordamos a evolução da metodologia de design nas décadas de 1990 e no século XXI. Além disso, trazemos um exemplo prático de projeto desenvolvido por uma aluna de graduação do curso de Design da Universidade Federal de Campina Grande (UFCG), na Paraíba.

Sempre que possível, exemplificamos o texto com esquemas, fotos ou ilustrações, visando facilitar o entendimento do leitor com informações importantes para o designer. Enfim, o conteúdo aqui apresentado fornece informações essenciais de metodologia de projeto para o design de produtos.

comzeal images/Shutterstock

CAPÍTULO 1

# METODOLOGIA
DE PROJETO

Neste capítulo, abordaremos os princípios introdutórios fundamentais para o estudante de design no que concerne aos métodos empregados no processo de projeção de produtos.

## 1.1 Fundamentos e etapas do projeto e principais metodologias do design

O termo *metodologia* significa "estudo científico dos métodos", ao passo que *projeto* remete a "plano, desígnio, intenção" (Michaelis, 2016). Nesse sentido, o método projetual, assim como alguns métodos que aplicamos em nossas atividades diárias, visa desenvolver uma proposta e alcançar um objetivo específico. Por exemplo, quando escovamos os dentes ou preparamos uma refeição, seguimos etapas ou passos predeterminados para concluir essas tarefas. Todos esses passos já são tão comuns, internalizados, que não nos damos conta de sua existência, de que configuram uma espécie de método. Da mesma maneira, certos passos constituem a metodologia para o design de produtos.

Nesse sentido, alguns autores elaboraram propostas de metodologias para auxiliar no processo de projeto de produto. Bonsiepe (1984, p. 34), no entanto, alerta que esse método "não deve ser confundido com um livro de receitas de bolo, pois receitas de bolo levam a um resultado; técnicas projetuais, só terá [sic] certa 'probabilidade de sucesso'".

Assim, esse teórico indica que, a princípio, o processo projetual parta de uma situação inicial ou problematização. Na sequência, deve-se determinar o problema e iniciar a geração de alternativas (anteprojeto), o que culmina no projeto em si, conforme visto na Figura 1.1.

Figura 1.1 – **Sequência para auxiliar no processo projetual**

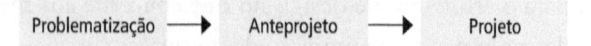

Problematização ⟶ Anteprojeto ⟶ Projeto

Essa metodologia não tem finalidade em si mesma, contribuindo simplesmente para o sucesso do processo projetual ao nortear sua materialização em fases ou etapas.

Na primeira fase (problematização), identifica-se a situação ou item que se deve melhorar, isto é, os fatores que delineiam o problema. Na segunda etapa (análise), prepara-se o campo de estudo para que seja possível, depois, adentrar a fase do design, desenvolvendo alternativas. Tal análise serve para esclarecer a problemática projetual, viabilizando a interpretação de informações que serão relevantes no projeto.

Bonsiepe (1984), contudo, não apresenta as etapas projetuais linearmente, dividindo tal processo da seguinte maneira:

- problematização;
- análise;
- definição do problema;
- anteprojeto ou geração de alternativas;
- avaliação, decisão, escolha;
- realização do projeto;
- análise final da solução.

Por seu turno, Munari (1981, p. 20) afirma que: "O método projetual não é mais do que uma série de operações necessárias, dispostas por ordem lógica, ditada pela experiência. O seu objetivo é o de se atingir o melhor resultado com o menor esforço". Desse modo, o problema, seja ele qual for, pode ser dividido em componentes que, por sua vez, serão divididos em subproblemas.

Essa proposta de Munari (1981) compreende 13 etapas:

1. necessidade;
2. problematização;
3. definição do problema;
4. componentes do problema;
5. coleta de dados;
6. análise de dados;
7. criatividade;
8. materiais e tecnologias;
9. experimentação;
10. modelo;
11. verificação;
12. desenho de construção;
13. solução.

Nessas fases, é importante que o designer inicie o projeto com base nos dados recolhidos, ou seja, que realize análises, não todas, mas as que dizem respeito ao produto em estudo.

Vale destacar que essas etapas podem sofrer modificações em virtude de novas decisões tomadas no decorrer do processo; e a definição do produto tende a ficar mais clara a cada nova etapa. Com essas alterações, o designer vai descobrindo problemas, os quais são solucionados e incorporados ao projeto, assegurando uma fase de lançamento bem-sucedida.

Baxter (2000) relata que há designers que discordam dessa divisão do projeto, pois o desenvolvimento projetual não é linear, já que a mente do projetista é detalhista e sempre está idealizando a nível conceitual. Conforme o autor, metodologias para o desenvolvimento de novos produtos estão fortemente orientadas para o mercado. Sendo assim, a elaboração do projeto de design depende da procura do mercado consumidor, mas também de ideias inovadoras, e isso o transforma em uma oportunidade de negócio e dá início a um projeto (Baxter, 2000).

A proposta metodológica de Baxter (2000) divide-se em três fases. A primeira etapa consiste no projeto de geração de conceitos, com o estabelecimento de alternativas para a solução do problema e a criação do produto. Já a segunda etapa refere-se ao projeto da configuração, em que são definidas as especificações preliminares baseadas no conceito selecionado. A terceira e última etapa se trata do projeto detalhado, sendo fixadas as especificações técnicas de todo o projeto.

Essa metodologia abrange:

- necessidade de mercado ou nova ideia;
- especificações do projeto;
- projeto conceitual;
- projeto configuracional;
- projeto detalhado;
- projeto para fabricação.

Além disso, Baxter (2000) trata de questões que envolvem mercado e planejamento, atribuindo valor ao design e integrando-o à gestão organizacional. Ainda assim, pode-se dizer que sua proposta é estruturalmente fechada, em que a ergonomia e a venda do produto não são priorizadas.

Löbach (2001) defende que um bom objeto desenvolvido por um projetista deve dispor de três funções: (i) prática, (ii) simbólica e (iii) estética. Para ele, quanto mais problemas o designer detecta no decorrer do processo projetual, maior a possibilidade de encontrar recursos para saná-los. Sua abordagem está representada nas seguintes etapas:

1. necessidade (problematização);
2. análise configuracional (funções básicas do produto);
3. geração de alternativas;
4. projeto final.

Rozenfeld et al. (2006) descrevem um procedimento de desenvolvimento de produtos (PDP) para públicos específicos constituído por várias atividades em uma sequência lógica. Esse processo efetiva-se mediante a carência do mercado consumidor e das possibilidades tecnológicas, levando em consideração as estratégias competitivas para determinação das especificações do projeto de produto até a sua fabricação.

O PDP de Rozenfeld et al. (2006) se desdobra em três fases:

1. pré-desenvolvimento;
2. desenvolvimento;
3. pós-desenvolvimento.

Outros autores, como Ashby e Johnson (2010), destacam a influência exercida por aspectos do meio circundante sobre a elaboração do projeto de design. Para eles, o projetista procura, do melhor modo possível, desenvolver um projeto que atenda às exigências atuais do mercado. Assim, é fundamental que esse profissional conheça estas forças, denominadas *insumos* (Figura 1.2):

- necessidade de mercado;
- ciência e tecnologia;
- clima de investimento;
- sustentabilidade;
- estética.

Figura 1.2 – **Processo de design**

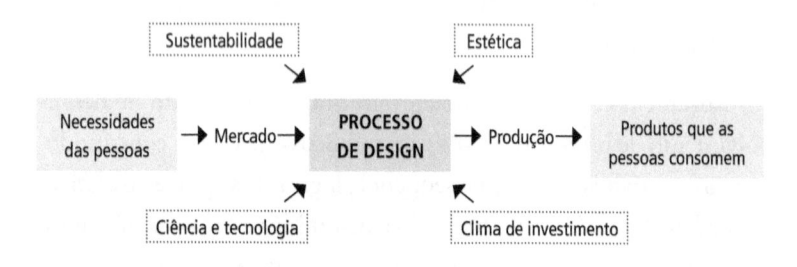

```
        Sustentabilidade              Estética
              ↘                          ↙
Necessidades                PROCESSO              Produtos que as
             → Mercado →                → Produção →
das pessoas                 DE DESIGN              pessoas consomem
              ↗                          ↖
        Ciência e tecnologia         Clima de investimento
```

Nesse contexto, metodologias como a de Ashby e Johnson (2010) apresentam-se como importantes ferramentas teóricas para a definição e o planejamento de processos projetuais, pois trazem mais segurança e objetividade. Assim, métodos construtivos viabilizam solucionar problemas nos projetos de design de produtos, o que também abarca problemas de projetos de engenharia.

Cumpre sinalizar que as fases projetuais e as microestruturas (descrição técnica de cada etapa) das propostas aqui examinadas variam apenas quanto à nomenclatura adotada, visto que assumem uma estrutura básica comum.

## 1.2 Ser humano: necessidades e aspirações

O ser humano modifica seu ambiente por meio de uma conduta ativa. Entretanto, tudo o que ele vivencia e possui depende de suas necessidades intrínsecas, sendo a mais evidente o desejo de sobrevivência. Essas demandas são múltiplas e variáveis, e seu aparecimento nem sempre é lógico, sobretudo quando os sujeitos têm preferência por outras atividades ou outros processos.

Por vezes, essas necessidades resultam em uma falta que o indivíduo precisa sanar. Nesse contexto, ele visa à eliminação de estados não desejados, reestabelecendo a tranquilidade, a distensão e o equilíbrio interrompidos. Tensões insatisfeitas são causas de sentimentos de desagrado; em contrapartida, quando supridas, envaidecem o sujeito e lhe proporcionam boa qualidade de vida.

Figura 1.3 – **Necessidade e satisfação**

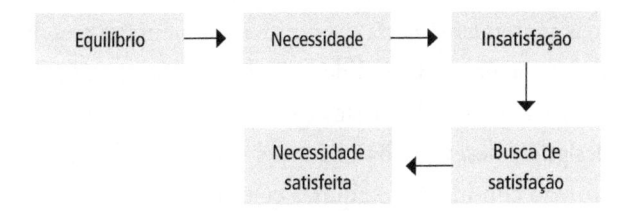

```
Equilíbrio ──▶ Necessidade ──▶ Insatisfação
                                      │
                                      ▼
              Necessidade  ◀──  Busca de
              satisfeita         satisfação
```

A satisfação das necessidades, assim como as aspirações subjetivas, motiva o ser humano a atuar de diversos modos na sociedade.

Em oposição às necessidades, as aspirações não provêm dos estados de raiva ou de deficiência, sendo consequência de uma ambição profunda, um sonho, uma meta que se deseja alcançar.

Via de regra, demandas ou desejos são supridos por intermédio do uso de produtos. A confecção de objetos com esse fim é levada a cabo hoje em dia por procedimentos industriais, com a fabricação massiva (Figura 1.4).

Figura 1.4 – **Produção industrial de automóveis**

A sociedade industrial é altamente desenvolvida, e o objetivo de quase todas as atividades nessa conjuntura é aumentar o crescimento econômico e melhorar o nível de vida das pessoas. Sendo assim, a satisfação das necessidades destas (premissa fundamental do trabalho de designer) desempenha um papel substancial nesse processo. Para tanto, são conduzidas pesquisas cujo propósito é identificar as demandas e aspirações desses indivíduos, para que posteriormente sejam idealizados e materializados produtos capazes de supri-las. O designer de produto, é claro, participa ativamente dessa conversão de ideias em objetos utilizáveis.

> Todo processo projetual é um procedimento tanto criativo quanto de resolução de problemas. Quando um problema emerge, o designer tem de investigá-lo até superá-lo. Devem ser construídos entendimentos sobre a questão com base nessa análise, que se apoia em critérios predeterminados. Por fim, aplica-se a solução mais adequada (no caso citado, a criação de um produto).

Segundo Archer (2004), os problemas em projetos de design partem de uma necessidade, desejo ou falta – como a vontade de possuir um carro mais econômico ou um recipiente mais prático. Embora o designer resolva de modo particular tais requisições, diante de uma proposta do âmbito industrial, pode precisar solucionar algum problema encontrado no projeto.

### 1.2.1 Hierarquia das necessidades do consumidor

Conforme a lei de Maslow (1943), quanto maior a renda de um indivíduo, menor seu percentual de gastos com alimentação; e a satisfação de suas necessidades mais elevadas depende dessa disponibilidade de renda.

As demandas do ser humano (consumidor) são categorizadas como na Figura 1.5.

Figura 1.5 – **Necessidades humanas**

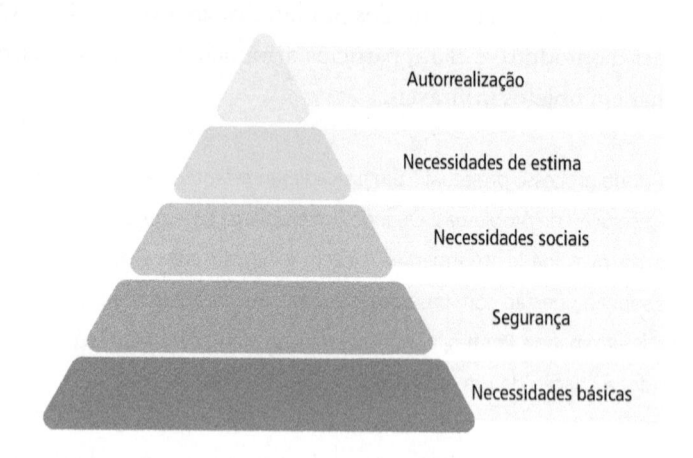

- Autorrealização
- Necessidades de estima
- Necessidades sociais
- Segurança
- Necessidades básicas

Como explicamos, muitas dessas necessidades são sanadas por meio da utilização de objetos com determinadas funcionalidades. Assim, esses itens são pensados (principalmente por designers) para representar os interesses dos usuários.

Já que são muitas e distintas as necessidades, cabe questionar: Todas elas podem ser supridas por produtos específicos? Na realidade, não. Todavia, as que o são condicionam a criação de objetos divididos em naturais, modificados pela natureza, artísticos e de uso.

#### 1.2.1.1 Objetos naturais

A natureza é tida como uma fábrica cósmica e massiva de objetos – como pedras, árvores, animais, entre outros, incluindo o ser humano –, dispensando qualquer intervenção humana para isso.

Mesmo sendo parte desse meio natural, a humanidade toma diversas atitudes nocivas em relação a ele. Uma delas, praticada desde a

Antiguidade, consiste na intervenção e na modificação desenfreadas da natureza para suprir demandas. Por outro lado, essa atitude, se equilibrada, é essencial, porque assegura aos sujeitos sua existência física e psíquica.

No plano físico, a transformação da natureza em objetos de uso permite saciar certas necessidades. No plano psíquico, os indivíduos precisam sentir a natureza intacta por meio da percepção.

### 1.2.1.2 Objetos da natureza modificados

Como consequência da transformação da natureza pelo homem, são produzidos objetos naturais modificados (como o da Figura 1.6, resultante de um material extraído do meio natural e remodelado), considerados manifestações estéticas. Tais objetos, assim como os naturais, podem apresentar características estéticas importantes para o equilíbrio psíquico humano.

Figura 1.6 – *Bowl* **em madeira**

### 1.2.1.3 Objetos artísticos

Os objetos artísticos constituem um grupo de itens com capacidade de comunicar uma informação, a qual é percebida simultaneamente em sua totalidade. Por meio de **dados estéticos**, como forma, cor, material, textura, entre outros, o observador assimila esses objetos como um projeto representativo.

O objeto artístico tem outro aspecto *sui generis*: sua estrutura estética pode mudar, tornando-se uma única fonte de informação. Então, o conteúdo se converte na ordenação dos elementos estéticos, que exercem diferentes efeitos em quem os contempla e são percebidos pelos sentidos (tato, visão etc.).

Esses elementos artísticos buscam a satisfação estética do homem mediante a otimização da informação estética correspondente à percepção sensorial. Esse tipo de satisfação, entretanto, não é crucial para a existência física humana.

Figura 1.7 – **Vaso artístico**

### 1.2.1.4 Objetos de uso

Entende-se por *objetos de uso* aqueles itens cuja finalidade é eliminar tensões provocadas por necessidades. Essa supressão ou eliminação ocorre quando os sujeitos desfrutam das funcionalidades de tais objetos, os quais também integram a economia da população, funcionando sempre como uma imagem das condições sociais.

Nossos atuais objetos de uso resultam de procedimentos industriais massivos, como já visto na Figura 1.4. Anteriormente, esses produtos eram fabricados manualmente e a atitude do usuário diante deles era outra, como explicaremos na sequência.

### 1.2.2 Produtos artesanais

Os produtos de uso, até a metade do século XIX, eram fabricados principalmente à mão. A princípio, receberam o nome de *formas funcionais*, dispondo de relevância simbólica (certo *status* social) e de uma função prática.

Os artesãos responsáveis por sua confecção trabalhavam para poucos clientes, sendo até mesmo obrigados a atender individualmente seus desejos e suas ideias. Esses trabalhadores manuais atuavam em todas as etapas de criação do produto, conservando-o diante dos olhos do início ao fim do processo. Por isso, também conferiam um selo pessoal a esses itens, o que já não é possível na fabricação industrial de dezenas de milhares de objetos de uso, em que as pessoas envolvidas assumem funções predeterminadas e específicas na cadeia produtiva.

Os usuários desses produtos tinham um vínculo estreito com eles, já que o artesão poderia, em sua produção, aderir a ideias particulares desses clientes. A única liberdade que o usuário de produtos industriais tem agora é a de escolher entre objetos de fábricas diferentes e, eventualmente, personalizar o produto com decalques ou componentes similares.

### 1.2.3 Produtos industriais

Os produtos industriais, por sua vez, objetivam suprir determinada necessidade e, uma vez projetados, são fabricados identicamente para toda a população. Esses itens devem "convencer" os usuários a investir dinheiro em sua aquisição, compra esta que também beneficia seus produtores.

A simplicidade desses objetos em termos de materiais e configuração é um imperativo da produção industrial, cuja prioridade é o crescimento econômico. Para os usuários, todavia, os resultados desse processo causam, por vezes, um sentimento quase consciente de mal-estar, em virtude de os objetos serem replicados uniformemente milhares de vezes, não saciando plenamente necessidades pessoais dos sujeitos, diferentemente do que ocorria com os produtos manuais, que preservavam alguma "individualidade" em comparação com outros itens de mesma natureza.

A fabricação industrial, como explanamos, conta com a força de trabalho de milhares de operários. O que aparece no produto final é fruto da interferência de fatores distintos, principalmente exigências de execução e disponibilidade de insumos, emanadas da organização comercial, das vendas do fabricante e da conduta da concorrência.

## 1.2.3.1 Classificação dos produtos industriais

Os produtos industriais, considerando-se as relações entre indivíduo e produto, podem ser agrupados em quatro categorias: (1) produtos de consumo, que deixam de existir com o uso; (2) produtos de uso I, para uso individual; (3) produtos de uso II, para uso coletivo; e (4) produtos de uso III, com os quais o público apenas tem uma relação.

### Produtos de consumo

O consumo como processo diferencia-se do uso como procedimento, pois o produto de consumo, por exemplo, quando consumido uma vez, deixa de existir. Inserem-se nesse grupo os **produtos alimentícios**, que suprem as necessidades fundamentais do homem; os **produtos de limpeza e higiene**, como pasta de dentes, sabão em pó ou polidores de automóveis, entre outros.

Quando muitos concorrentes oferecem produtos de mesma qualidade no mercado, determinado item pode captar a atenção do consumidor graças à estética da embalagem. No entanto, comumente tais produtos alcançam maior êxito quando prometem uma utilidade adicional, um valor extra.

Um claro exemplo de configuração consciente em produtos de consumo é a massa para fazer macarronada italiana, que, modelada de certo modo, consegue recolher o molho. Noutros casos, apela-se à preferência estética do consumidor. Por exemplo, uma vela belamente decorada converte seu consumo em uma experiência visual; um sabonete de formato atraente e enriquecido com essências aromáticas é um produto higiênico que também proporciona prazer olfativo. Isso demonstra a incorporação de dimensões estéticas para atrair o consumidor.

**Produtos para uso individual**

A verdadeira tarefa do designer de produtos consiste em definir a aparência de produtos de uso individual, que quase sempre têm uma vida mais longa em comparação aos demais produtos. Frequentemente, nesse intervalo de tempo, chega-se até a se estabelecer uma relação com o produto, e somente após o término de uso ocorre a extinção desse elemento.

Um produto de uso supre demandas quando é utilizado. Por exemplo, o manuseio de um barbeador elétrico possibilita que a barba seja feita, e durante esse processo de uso experimentam-se as funções do produto.

Especificamente os produtos de uso individual têm caráter industrial e destinam-se, como o nome indica, ao uso de uma única pessoa. Disso resulta uma relação especialmente estreita entre indivíduo e objeto. Logo, o produto significa muito para o usuário.

Em virtude dessa estreita e contínua relação, desenvolve-se um processo de identificação em que o usuário se equipara ao produto e este se converte em uma parte daquele. A princípio, essa circunstância permanece inconsciente, até que a utilização do item em público passa a ser ostensiva, contexto em que indivíduo e objeto são percebidos como unidade. Compete, assim, ao design facilitar e promover uma relação com o objeto por meio de sua configuração.

Os condicionamentos, os desejos e as preferências especiais de determinados grupos de usuários são muito mais difíceis de perceber e valorizar, o que requer análises exaustivas. Visto que essas ideias e anseios se distanciam enormemente entre si, esses grupos especiais são vistos pelos fabricantes como nichos de potenciais compradores; consequentemente, enfocar suas particularidades conduz a uma multiplicidade de produtos de mesmo tipo – por exemplo, diferentes canetas, armações de óculos e relógios de pulso.

Durante muito tempo, o relógio de pulso, por exemplo, foi um produto de uso sóbrio, cuja configuração visava apenas ser apropriada à leitura pelo olho humano. Hoje, esse artefato foi convertido em autêntico disparate de moda, como ilustrado na figura a seguir, permitindo a visualização de mensagens, o acompanhamento de questões de saúde (oxigenação, passos dados no dia etc.) e, com isso, satisfazendo demandas dos referidos grupos.

Figura 1.8 – **Relógio de pulso inteligente**

Esses produtos para uso pessoal são submetidos a pequenas mudanças de aspecto (em geral, uma degeneração formal), o que se manifesta especialmente em objetos de escassa complexidade técnica, os quais não requerem recursos avançados de fabricação e rapidamente se convertem em artigos sujeitos à moda.

### Produtos utilizados por determinados grupos

Essa categoria abrange os produtos usados por um pequeno grupo de pessoas que se conhecem. A propriedade individual se amplia em favor, por exemplo, dos membros de uma associação desportiva ou dos membros de uma família. Assim, refrigerador, mobiliário, forno elétrico e televisor, por exemplo, são postos à disposição de várias pessoas, gerando economia e favorecendo relações entre elas.

Vamos supor que, em uma família, cada um sente certa consciência de responsabilidade em relação ao produto utilizado. Apesar disso, a relação entre usuário e produto não é tão interessante (intensa e contínua) como aquela para produtos de uso individual, exclusivo. Essas relações são, então, mais "descompromissadas".

No caso dos produtos de uso individual, o usuário mantém com eles os mais diversos vínculos, e o designer prioriza, no projeto, as ideias e os desejos subjetivos. Por sua vez, quanto aos produtos de uso coletivo, o indivíduo está sujeito a relações menos marcadas, não se identificando com eles. Diante desse cenário, devem ser consideradas as necessidades gerais do grupo no processo de projeto, para que o resultado seja o desejado por muitos e distintos consumidores.

### Produtos com os quais o público apenas tem uma relação

A denominação anterior contempla aqueles produtos e instalações que permanecem anônimos e com os quais, via de regra, os sujeitos não têm relação direta. Quem conhece as turbinas da central elétrica (Figura 1.9) nas quais são geradas a eletricidade para a iluminação das casas e dos comércios? Que relação se tem com um poste de alta tensão? Quem se interessa pelas correias das catracas que formam uma máquina? Apenas uns poucos homens têm breve contato com esses produtos em três contextos: no processo de produção, na montagem e na manutenção. Tais produtos oferecem, desse modo, uma praticidade que nasce durante sua idealização.

Figura 1.9 – **Turbina de uma central elétrica**

A forma do produto é determinada por sua finalidade prática, e seu desenvolvimento não recebe qualquer atenção especial (em comparação com os produtos que comentamos anteriormente). As características desses recursos atendem somente à oferta de mercado e à pressão da concorrência, que mobiliza sua configuração como argumento de venda.

## 1.3 Funções básicas dos produtos

As ligações do homem com os produtos industriais se referem praticamente às funções que estes desempenham, as quais se tornam perceptíveis durante a usabilidade. No entanto, pode-se dizer que todo produto oferece várias funções. Por exemplo, sabe-se que o homem não tem relação com uma rocha; contudo, com certa atenção, verifica-se nela uma função estética, e um observador pode, por exemplo, se lembrar de uma coruja ao olhá-la. Essa situação evidencia que essa rocha exerce funções estética e simbólica.

Em se tratando de um produto industrial, o ser humano estabelece, principalmente, relações práticas: por exemplo, um barbeador elétrico apresenta a função prática de eliminar os pelos da barba por meio de lâminas. Além disso, tem dimensões estéticas, como forma, cor, textura, entre outras. Com isso, podemos dizer que os produtos, geralmente, contam com funcionalidades distintas e prioridades também diferentes. A função de maior importância sempre vem atrelada a outras, que, com frequência, permanecem ignoradas.

O designer, quando desenvolve um produto, automaticamente está configurando-o, o que determina suas funções. Isso é feito com a colaboração de um produtor, segundo o princípio da divisão do trabalho. Há alguns produtores que se encarregam das funções práticas dos produtos, ocupando-se o designer apenas das funções estéticas e simbólicas. Essa determinação das funções dos produtos só pode acontecer se as atividades individuais forem coordenadas com vistas ao resultado global.

Nessa conjuntura, compete ao produtor e ao designer melhorar as funções desse produto tendo em vista as necessidades dos futuros usuários. O projetista precisa conhecer os anseios e as demandas destes para incorporar ao produto as funções adequadas; porém, isso nem sempre ocorre, pois é dado maior peso às necessidades práticas, deixando-se de lado as necessidades sociais e psíquicas.

Assim, cabe ao designer determinar as funções estéticas e simbólicas tomando como base a própria experiência advinda de seus estudos e do exercício da profissão.

O desenvolvimento do produto geralmente passa por um processo que é efetuado seguindo-se critérios racionais em quase todas as etapas. Apenas a configuração estético-formal, a aparência, é gerada de maneira intuitiva durante a fase criativa.

1.3.1 **Funções práticas do produto**

A praticidade de um produto quanto às suas funções refere-se a todas as relações entre ele e o indivíduo. Essas relações se baseiam nos aspectos fisiológicos, sendo seus aspectos de uso considerados funções práticas.

Sem dúvida alguma, todos os materiais e objetos de nosso entorno têm uma aparência que sensibiliza nossa percepção e atua sobre nossa mente. Por isso, é decisivo para a saúde mental que objetos produzidos artificialmente sejam otimizados em consonância com as condições de percepção do ser humano, com as quais o usuário possa se identificar.

1.3.1.1 **Função estética**

O uso sensorial (relativo, sobretudo, à visão e ao tato) dos produtos industriais é possibilitado pelas funções estéticas destes, as quais influenciam em sua configuração. Nessa direção, configurar produtos significa anexar-lhes funcionalidades estéticas que afetem multissensorialmente o usuário. Multissensorialidade, por sua vez, implica que todos os sentidos humanos participam ativamente nessa interação com o objeto.

Os produtos industriais de uso sensorial dependem de fatores como as experiências anteriores com dimensões estéticas – por exemplo, cor, forma, textura, som etc.–, bem como da percepção consciente desses aspectos.

A aquisição desses artefatos deve-se frequentemente ao gosto estético dos clientes, dado que as funções práticas deles já são tidas como ótimas. A aparência estética é experimentada como conjunto, ficando o sujeito alheio aos detalhes. Tudo o que é aparentemente percebido é, assim, interpretado como função estética.

A aparência do produto impacta, portanto, de forma positiva ou negativa, quem o utiliza e o observa, fomentando o sentimento de aceitação ou de repulsa. Desse modo, a configuração de produtos industriais interfere consideravelmente em nossa sociedade, especialmente ao aumentar o número de vendas.

Em suma, é característica da referida função promover uma sensação de prazer, o que constitui um pressuposto para a identificação do usuário com o produto durante sua utilização.

### 1.3.1.2 Função simbólica

A função simbólica é atribuída a um produto quando o usuário o aprecia, criando conexões com experiências e sensações já vividas. Tal atributo resulta de aspectos psíquicos, espirituais e sociais de uso.

Um símbolo é um signo, um sinal da existência de alguma coisa. Esse elemento representa algo presente no espírito humano; todavia, isso só é possível porque os indivíduos podem recuperar suas experiências passadas. Um exemplo de símbolo são as bandeiras dos países, as quais os representam perante a sociedade.

Os produtos com função simbólica permitem que o usuário faça uma associação com o passado. Essa função apoia-se na função estética do objeto, ou seja, nas características essenciais, como forma, cor, textura etc. Ela só se torna eficaz com base nas aparências sensorial e espiritual percebidas.

Se um objeto, ao longo de seu uso, lembra ao usuário a empresa que o produziu, as experiências prévias com o fabricante ou com outros produtos de sua casa, fala-se em um símbolo da marca. Quando determinado círculo de pessoas com *status* social elevado prefere e utiliza com exclusividade um objeto, entende-se que este faz uma declaração a respeito de seu usuário.

1.4 **Coleta e análise dos dados**

Na fase preliminar da análise do problema, é importante recolher o máximo de informações e prepará-las para a avaliação. Qualquer dado pode servir de base para construir a solução referente ao produto. Obviamente, é necessário, para o designer, enfocar dados que realmente contribuam para isso. Isso constitui um desafio, já que são volumosos os dados que parecem relevantes, levando a caminhos tortuosos e infrutíferos.

Cabe ao designer traçar metas e objetivos, além de procurar informações pertinentes nos lugares certos – um conhecimento só adquirido pela experiência concreta. Por exemplo, para desenvolver um projeto de uma luminária, deve-se buscar dados e inserir os mais interessantes e criativos no projeto. O designer, antes de tudo, deve reunir catálogos de fábricas que produzam itens semelhantes àquele que precisa projetar, a fim de verificar se alguém pensou nessa solução primeiro e a lançou no mercado. Vários exemplos encontrados serão deixados de lado e haverá também projetos duplicados ou com os quais nunca se poderá fazer concorrência. Ainda, é preciso procurar outros dados para cada componente do problema – no exemplo anterior, seriam tipos de lâmpadas existentes, de reostatos, de interruptores etc.

A seguir, descreveremos vários tipos de análises efetivadas na geração de dados para projetos. Antes disso, é fundamental enfatizarmos que nem todas precisam ocorrer em seu desenvolvimento; tudo depende do tipo de projeto, da complexidade e do objetivo daquilo que se quer projetar. Todo projeto é único, com características individuais e diferenciadas. Logo, aquilo que é feito em um obrigatoriamente não precisa ser feito em outro.

### 1.4.1 Análise dos dados

Todos os dados recolhidos devem ser examinados com vistas a identificar a maneira pela qual foram solucionados os subproblemas no projeto. No caso do projeto de luminária citado anteriormente, seriam analisados diversos gêneros de luminárias (em forma de imagem ou não) para descobrir seus defeitos e problemas, tais como: a lâmpada incandescente esquenta e derrete o plástico do abajur por falta de ventilação; o excesso de decoração na luminária ou o uso de materiais inadequados em sua composição corta cerca de 80% da iluminação, desperdiçando energia; o interruptor não está exatamente no local adequado; a cor não é apropriada; partes metálicas não combinam com o restante. Desse modo, constata-se o que não fazer para projetar um bom abajur, e isso direciona o projeto para outros materiais, tecnologias, formas, custos etc.

As análises preparam o campo de trabalho para, posteriormente, ter início a fase do design, que é o desenvolvimento de conceitos e ideias. Por meio da problemática projetual, interpretam-se informações que serão de suma importância para a conclusão do projeto.

### Análise da relação social

Nessa análise, estudam-se, por exemplo, as relações que podem surgir entre o possível usuário e o produto; as classes sociais que o consumiriam; e até que ponto o item propiciaria prestígio social, ou seja, é símbolo de *status*.

Os aspectos sociais relativos ao produto são, então, avaliados por meio de questões como:

- Quem é o usuário (sexo, idade, salário, ocupação, nível de escolaridade)?
- Qual é o público-alvo a ser atingido/beneficiado pelo produto?
- Quem toma a decisão de adquirir o produto?
- Quem de fato o compra?
- Em que medida o produto pode ser vendido a novos tipos de consumidores?

Com isso, é possível determinar o perfil do usuário, suas expectativas e seus anseios quanto ao item em produção.

Identificar os hábitos e valores da comunidade, bem como as condições e possibilidades técnicas, econômicas e sociais, é primordial para o designer. O mesmo vale para estabelecer critérios adequados de projetos, respeitando os valores coletivos. Ademais, é preciso qualificar e quantificar, se possível, o impacto desse trabalho no contexto socioeconômico e cultural.

Incorporar e valorizar o entendimento do usuário quanto ao item em criação pode facilitar a comunicação entre sua versão finalizada e esse consumidor. O conhecimento direto acerca da população-alvo e de seu contexto permite propor soluções personalizadas. É fundamental, portanto, entender a relação necessidade – objeto – usuário, definindo e quantificando os fatores anatômicos, psicológicos e antropométricos a serem contemplados no projeto.

### Análise das relações com o ambiente

Devem ser consideradas todas as relações recíprocas entre a provável solução e o ambiente em que será implementada. Com isso, faz-se um diagnóstico de situações às quais o produto estará exposto durante sua vida útil. Por um lado, enfocam-se as ações do ambiente sobre o produto, como condições meteorológicas, sujeira, vandalismo e manutenção; por outro lado, consideram-se as ações do produto sobre o ambiente, como simbologia e *status*.

Deve-se, ainda, verificar aspectos relativos ao material e à tecnologia empregados na fabricação, de modo a descobrir fatores que causem, direta ou indiretamente, o desequilíbrio do ecossistema.

Freedomz/Shutterstock

# CAPÍTULO 2

# ANÁLISES DO PROCESSO DE DESIGN E ALGUNS MÉTODOS DE PROJETO

Neste capítulo, abordaremos algumas análises essenciais no processo de design, assim como métodos (técnicas e ferramentas) que auxiliam no desenvolvimento do projeto.

## 2.1 Análise do desenvolvimento histórico

De acordo com Baxter (2000), seja qual for a natureza do problema, este pode demonstrar as mudanças do produto em decorrência da passagem do tempo. Essa análise é denominada *análise diacrônica* e está detalhada na Figura 2.1.

Figura 2.1 – **Análise de dados diacrônica**

| Materiais e processos que eram usados para a produção de objetos no passado. | Outras utilidades atribuídas ao objeto. | Formatos, cores, grafismos, texturas, modelos e classificação nominativa. |
|---|---|---|
| Grupo para o qual o produto era encaminhado. | Surgimento do produto no mercado de consumo. | Fases de desenvolvimento marcado pelo histórico do produto. |

A análise diacrônica consiste em um levantamento das características do produto a ser desenvolvido, evidenciando as mudanças que sofreu ao longo do tempo, sobretudo em termos tecnológicos, culturais e sociais determinantes de seu design. Nesse contexto, é preciso pesquisar produtos similares, dando especial atenção a elementos como cor, aspectos simbólicos, materiais, texturas e funções, de modo a propor ideias inovadoras e, por conseguinte, evitar cópias de produtos.

## 2.2 Análise do uso

Detectar pontos negativos e criticáveis do item, bem como construir boas soluções de usabilidade, que podem ser adaptadas e aplicadas na "nova" proposta de solução, é o ponto fulcral da chamada *análise do uso*. Procura-se responder, nesse caso, a questões como:

- Como o produto está sendo de fato utilizado?
- Qual é a eficácia do processo desse produto?
- Que problemas mais comuns são observados durante o uso?
- Quais são as queixas mais frequentes dos usuários em relação ao uso?
- O produto comunica bem seu modo de uso?
- Como o usuário percebe as instruções de uso?
- Quais são os aspectos ergonômicos de uso do produto?
- Que outros usos são dados ao produto?
- O produto tem uso frequente ou esporádico?
- Sua utilização causa fadiga?

O papel do designer não é apenas o de "destruidor" de produtos, mas também, e principalmente, o de observador de boas ideias e soluções para o obstáculo enfrentado. Para esse fim, recursos fotográficos, como forma de documentação, podem ajudar a encontrar detalhes problemáticos.

## 2.3 Análise comparativa

O objetivo principal dessa análise é seguir o "universo" do produto em estudo para impedir que seja reinventado. Para comparação e crítica dos objetos, é importante a formulação de critérios comuns, aos quais são incluídas informações sobre os itens apontados na Figura 2.2.

Figura 2.2 – **Informações para comparação e crítica dos objetos**

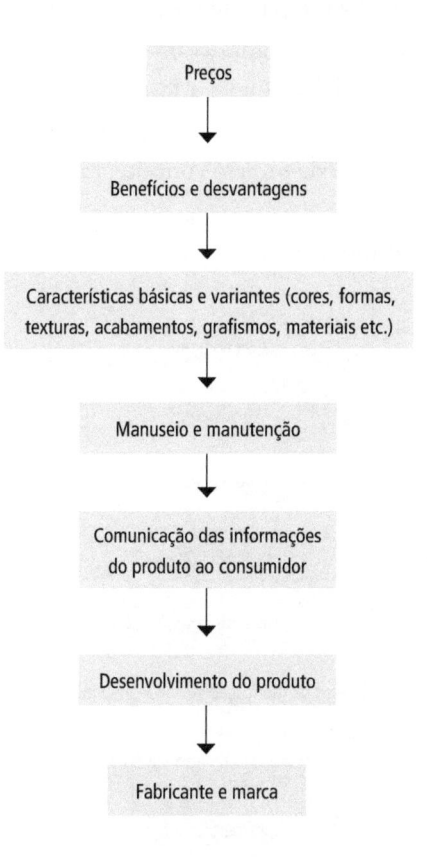

```
             Preços
                ↓
      Benefícios e desvantagens
                ↓
  Características básicas e variantes (cores, formas,
  texturas, acabamentos, grafismos, materiais etc.)
                ↓
        Manuseio e manutenção
                ↓
      Comunicação das informações
         do produto ao consumidor
                ↓
       Desenvolvimento do produto
                ↓
          Fabricante e marca
```

Dessa maneira, tem-se dados que viabilizam a comparação de produtos preexistentes, com base nos quais o projetista pode desenvolver um produto com diferenciais, o que evita "plágio" e reinvenções.

## 2.4 Análise estrutural

A análise estrutural serve para identificar e compreender tipos e quantidade de elementos (Figura 2.3) de um produto, devendo ser aplicada na fase de análise, que é a fase de projeto informacional. Entretanto, quando o produto em criação é inovador, emprega-se essa ferramenta na fase de projeto conceitual (criatividade).

Figura 2.3 – **Análise estrutural**

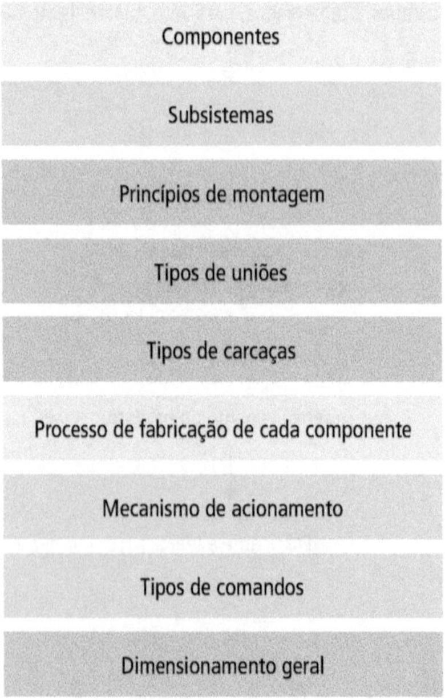

| Componentes |
|---|
| Subsistemas |
| Princípios de montagem |
| Tipos de uniões |
| Tipos de carcaças |
| Processo de fabricação de cada componente |
| Mecanismo de acionamento |
| Tipos de comandos |
| Dimensionamento geral |

A aplicação dessa ferramenta pode ser feita com base em um produto concorrente ao projetado ou em um manual de instruções detalhado. No primeiro caso, deve-se identificar todos os componentes do produto concorrente, de modo a compreender a relevância de cada um.

## 2.5 Análise funcional

A análise funcional tem o propósito de reconhecer e entender os aspectos ergonômicos e as funções físicas (primárias, secundárias e terciárias principalmente) de cada componente ou subsistema do produto, de forma isolada ou na totalidade.

De modo geral, um objeto não desempenha apenas uma função, e essas, na maioria das vezes, não são explícitas ao projetista. Retomando o exemplo da luminária, sua função primária é a iluminação de determinado ambiente, e a secundária, a decoração desse espaço. Cada componente da luminária assume papéis distintos: por exemplo, sua base confere-lhe, sobretudo, estabilidade, deixando-a de pé; já como função secundária existe o ajuste da posição do interruptor.

O projetista deve observar minuciosamente o produto, assimilando tanto suas partes quanto o conjunto geral na execução de funções. Isso facilita a prevenção e a correção de eventuais situações problemáticas, assim como a proposição de "novas" soluções.

## 2.6 Análise morfológica

A análise morfológica enfoca a estrutura formal de um produto (concepção formal), ou seja, sua composição como elementos geométricos. Inclui também informações sobre acabamento cromático (cores) e tratamento de superfícies (texturas).

Por meio da observação da harmonia entre os componentes estéticos, a avaliação da estrutura formal visa à compreensão dos aspectos da forma. A complexidade visual é um fator importante a ser considerado nesse caso, já que o produto pode fornecer informações acerca de seu público-alvo.

Quando se desenvolve um projeto de produto ou de uma "família" de produtos, é necessário se certificar de que suas partes (e, por consequência, seu conjunto) são coerentes. Essa coerência reside no uso de componentes iguais, como no caso de uma fabricação modular, cujos módulos têm mesma forma e dimensão. Nesse caso, os elementos são denominados *isomorfos*. Esses componentes em módulos também podem apresentar formas combináveis, permitindo muitas variações do conjunto. Tijolos para construção são um exemplo disso.

Estantes com dimensões distintas, mas formas iguais, são combináveis para conferir às paredes aspectos diferentes; logo, são elementos *homeomorfos* – mesmo caso de parafusos com tamanhos diferentes e formas iguais. Todas as folhas de uma árvore, embora diferentes, são iguais por pertencerem à mesma família em relação à configuração. Esses elementos recebem a designação de *catamorfos*.

No caso do design de produtos, como mais um exemplo de projeção de produtos coerentes, é possível citar um faqueiro.

## 2.7 Guia para análise

Pode ser útil ao projetista o conhecimento – adquirido por meio de pesquisa relacionada a produtos industriais – referente a qualidades e defeitos de certos itens. Nessa perspectiva, é salutar que esse profissional perceba o motivo de os produtos serem aquilo que são.

Portanto, o designer deve examinar todos os aspectos possíveis dos produtos, não apenas os de valor pessoal, mas também os de valor objetivo, como funcionalidade, manobrabilidade, cor e material, de acordo com critérios objetivos.

Nem todos os componentes servem para todos os produtos, então o designer não deve analisar apenas alguns deles, e sim todos, seguindo as orientações adiante.

> **Guia para análise**
>
> NOME DO PRODUTO
> Nem sempre o produto tem um nome correto. Por vezes, é difícil lembrar dele, mas não do objeto em si. Geralmente, o público atribui-lhe um outro nome.
>
> AUTOR
> O objeto de design deve destacar o nome do autor para análise. Identificado o método do projeto de um autor, é possível entender melhor o objeto. Contudo, diversos produtos são vendidos sem essa identificação, e há itens fabricados há muitos anos que vendem bem por sua excelente execução, e não porque foram projetados por um designer.

PRODUTOR

A identificação do fabricante em um bom produto representa sua garantia, quando a produção industrial é considerada válida. Isso não significa que alguns produtores pouco conhecidos não possam produzir bem.

DIMENSÕES/PESO

Um produto pode apresentar dimensões inadequadas, podendo ser bastante grande ou pequeno, comprido ou curto. Assim, para que tenha bom funcionamento, o produto depende da manobrabilidade.

MATERIAL

De acordo com sua função, é imprescindível que o material utilizado seja apropriado para o produto.

TÉCNICAS

Os materiais que compõem o produto devem ser trabalhados corretamente, pois uma técnica errada, mesmo que com o material correto, resulta em um produto insatisfatório.

CUSTOS

O custo do produto examinado deve ser comparado com o custo daqueles com mesmas funções.

EMBALAGEM

É preciso responder aos questionamentos: A embalagem protege bem o produto? Conta exclusivamente com *displays*? Tem todas as informações necessárias sobre o produto?

FUNÇÃO DECLARADA
É preciso responder aos questionamentos: O produto pode ter outros tipos de funções? Ele realmente serve para tudo o que se propõe?

FUNCIONALIDADE
O produto deve funcionar bem, incluindo eventuais partes mecânicas e elétricas.

RUÍDO
É preciso atentar se as partes mecânicas ou motores do produto são barulhentos ou silenciosos.

MANUTENÇÃO
É preciso sanar as dúvidas: Há necessidade de manutenção do produto? Como são realizadas sua limpeza e lubrificação? Ele está protegido do pó ou do calor?

ERGONOMIA
É preciso verificar, por exemplo, como o produto é manuseado, se tem partes perigosas desprotegidas e se provoca cansaço quando utilizado por muito tempo.

ACABAMENTOS
É preciso verificar, por exemplo, se as partes que compõem o produto apresentam bom acabamento e como são seus componentes (como parafusos, juntas e junções).

### MANOBRABILIDADE

É preciso responder aos questionamentos: Se o produto é muito grande, é facilmente deslocável? São necessárias quantas pessoas para movê-lo? Sendo um objeto portátil, como é segurado pelo usuário?

### DURAÇÃO

As partes do produto devem estar unidas, conectadas como um todo.

### TOXICIDADE

É preciso verificar esta questão: Se o produto é um brinquedo para crianças, sua fabricação conta com materiais tóxicos?

### ESTÉTICA

Deve-se entender como as partes configuram um conjunto.

### MODA E *STYLING*

Muitos objetos são idealizados para servir de símbolo de ostentação, luxo ou **status**. Todavia, é necessário ter muito cuidado com isso, pois não é a finalidade essencial do design.

### VALOR SOCIAL

É preciso verificar se o produto desempenha alguma função social de eliminação ou diminuição de trabalhos que fatigam o trabalhador.

### ESSENCIABILIDADE

É preciso responder aos questionamentos: O objeto examinado é essencial para a realização de sua finalidade? Não possui componentes excedentes?

ANTECEDENTES

É interessante identificar os antecedentes do produto em análise, a fim de verificar se teve uma imediata evolução – isso aumenta a confiança nele.

ACEITAÇÃO POR PARTE DO PÚBLICO

Urge acompanhar a aceitação ou recusa do produto pelo público em razão do modo como foi anunciado pela publicidade.

## 2.8 *Briefing* de projeto

Segundo Pazmino (2015), conhecer a finalidade e as regras de elaboração do *briefing* – material que organiza as informações trocadas entre cliente e designer – contribui para otimizar a qualidade do projeto.

Os *briefings* vêm sendo cada vez mais simplificados pelos clientes, contendo informações mínimas. Entretanto, eles não são os únicos responsáveis por isso: os designers, muitas vezes, preferem se ver livres das amarras impostas pelos critérios preestabelecidos neles.

Uma vez que *briefings* simplificados e incompletos podem gerar graves problemas ao designer na execução do projeto, elencamos alguns pontos importantes para sua elaboração:

- Nenhum tempo é exagerado quando se trata da elaboração do *briefing*. Devem-se agendar quantas reuniões forem necessárias para isso.
- Para dar início ao projeto, é preciso conhecer o objetivo do cliente, a fim de saber se foi solicitado o produto mais adequado.

- O *briefing* deve ser redigido e aprovado por escrito, pois isso dá segurança ao designer e ao cliente, além de demonstrar profissionalismo.
- O designer redefinirá objetivos, finalidades, metas, padrões e normas, bem como o público que vai usar o produto.

Com base nisso, pode-se elaborar um bom *briefing* com as informações da Figura 2.4.

Figura 2.4 – **Informações para elaboração de um bom *briefing***

| A empresa | O produto | A concorrência | O público |
|---|---|---|---|
| É necessário que o designer compreenda exatamente quem é o cliente (não apenas estruturalmente, mas histórica e psicologicamente), bem como a maneira como a marca e a empresa se comportam. Não observar esse conjunto de fatores pode prejudicar, inclusive, o relacionamento entre o designer e o cliente. | Além das características técnicas e físicas, o designer deve atentar para o diferencial do produto, ou seja, qual a motivação do consumidor ao comprá-lo. | É fundamental entender exatamente quem são os concorrentes do produto, seus pontos fortes e fracos, ou pode-se acabar criando algo que reforce alguma vantagem competitiva deles. | O designer precisa ter informações sobre as pessoas que serão atingidas pelo objeto do *briefing* e seus hábitos de uso. |

## 2.9 Requisitos e parâmetros

Mediante a coleta de dados (com os saberes disponíveis e o acréscimo de conhecimentos específicos à base de processos analíticos), vai-se cercando progressivamente o problema em toda a sua amplitude, o que torna possível defini-lo com precisão.

Nesse sentido, todos os resultados das etapas podem ser valorizados e é possível formular condições para a solução do problema. A definição e os esclarecimentos do problema são, ao lado do delineamento dos objetivos, a parte primordial do projeto.

A definição/classificação do problema consiste em listar os requisitos funcionais e os parâmetros condicionantes, orientando a estimativa de tempo para diversas etapas e recursos necessários. Os requisitos e parâmetros auxiliam nas etapas do projeto em relação às metas a serem alcançadas. Então, é preciso elaborar um requerimento com frases positivas, sem negações.

No início do processo projetual, os requisitos de uso são formulados como características essenciais, que se dividem, segundo o grau de prioridade, em:

- **Obrigatórios**: Devem ser satisfeitos impreterivelmente no projeto, não podendo ser esquecidos, sob pena de falhas no produto final.
- **Desejáveis e/ou opcionais**: Podem ser satisfeitos na medida do possível, sem comprometimento do produto final.

A satisfação desses requisitos de uso se concretiza no fim das etapas do projeto. Os requisitos de uso são normalmente interdependentes e, portanto, não autônomos, influindo uns nos outros. Observa-se que, desde o início, as otimizações absolutas são inatingíveis, porém as otimizações relativas (isto é, subotimizações) são desejáveis. Isso quer dizer que é aconselhável identificar boas soluções.

Alguns requisitos de uso podem ser quantificados previamente, uma vez que certos parâmetros funcionam como padrões determinantes. Por exemplo, a altura de uma mesa de trabalho para escritório, para trabalho realizado sentado, varia entre 70 e 78 cm. Logo, se estamos projetando uma superfície para esse tipo de atividade, devemos adotar tais medidas como parâmetro para nosso produto.

A formulação de exigências/requisitos de uso depende do tipo de projeto/produto, pois este deve ser adequado a seu contexto de uso. Contudo, é sempre recomendável formular as exigências cada uma por si e de maneira positiva, porque devem ser comparáveis entre si.

Pode-se formular tais requisitos conforme o Quadro 2.1.

Quadro 2.1 – **Exemplo de elaboração de requisitos**

| Alvo da ação | Objeto da ação |
|---|---|
| Melhoria | Do manejo |
| Redução dos custos | Da produção |
| Simplificação | Do princípio técnico |
| Facilitação | Da manutenção |

Os requisitos também podem ser categorizados, por exemplo, em grupos de afinidades:

- requisitos tecnológicos;
- requisitos ergonômicos;
- requisitos funcionais;
- requisitos estéticos.

Estabelecidos os requisitos, é necessário ordená-los em função de sua relevância/prioridade. Assim, identifica-se o que deve constar no objeto, sem perder o objetivo do projeto de vista. O quadro a seguir exemplifica alguns requisitos e parâmetros.

Quadro 2.2 – **Exemplos de requisitos e parâmetros**

| Requisitos de uso | Parâmetro | Fator influenciador |
|---|---|---|
| Deve de ser confortável para deitar | Dimensões do paciente | Altura até o chão |
| Deve ser cômoda para a visita médica | Dimensões do médico | Altura até o chão |
| Deve ser higiênica | Procedimentos de desinfecção | Características da superfície do material |
| Deve ser estável | Tipo de cargas dinâmicas | Distribuição dos pontos de apoio |
| Deve ter estabilização nas rodas | Deve estar no campo visual da pessoa | Tipo e tamanho |

Fonte: Montenegro, 1999, p. 3.

Os requisitos variam de projeto para projeto, de acordo com as finalidades. Por isso, um projeto nunca é igual ao outro, mesmo que o produto desenvolvido seja o mesmo. Nem tudo o que pensamos, queremos ou desejamos como solução para determinado problema projetual poderá ser levado adiante em razão de uma série de restrições ou barreiras dos mais diversos tipos, como financeiras, culturais, filosóficas, tecnológicas etc.

## 2.10 Definição do problema

Os problemas não são suficientemente apresentados pelos clientes. Em razão disso, o projeto deve começar por sua definição, o que ajuda a traçar os limites para o trabalho do designer. Conhecido o problema, não basta apenas ter uma ideia para resolvê-lo automaticamente; é preciso determinar o tipo de solução desejada, independentemente se provisória ou definitiva: uma solução fora dos modismos, tecnicamente sofisticada, simples e econômica.

Um problema conta com várias soluções, e é fundamental enfocar a melhor possível. Antes de qualquer coisa, é de suma importância fazer a seguinte pergunta: Qual é o problema? Se respondida clara e objetivamente, pelo menos 50% do problema já estará resolvido.

Vamos supor que o problema seja projetar uma luminária. Seria preciso estabelecer o material de que será feita, se deve ficar na sala de estar ou na mesa de cabeceira, se vai ser distribuída em grandes lojas, se é de fácil transporte e desmonte, se deve ser desmontável ou articulável, se deve ter um botão para regular a intensidade da iluminação etc.

## 2.11 Componentes do problema

O problema, qualquer que seja, pode ser subdividido em componentes, de acordo com suas configurações funcionais, estruturais, ergonômicas, psicológicas e formais. Cada subproblema contrasta com outros. Assim, a parte mais pesada do trabalho do designer é conciliar as várias soluções com o projeto como um todo. A solução do problema geral está na coordenação criativa das soluções dos subproblemas.

É imprescindível desmembrar o produto para conhecer melhor seus componentes. Visto que, hoje em dia, os problemas se tornaram muito complexos e, por vezes, complicados, é necessário para o projetista dispor de um leque de informações acerca de cada problema singular para ter maior segurança no projeto.

Neste momento, é pertinente distinguir o que é complexo daquilo que é complicado. Um produto é complicado quando os elementos que o compõem pertencem a numerosas classes diferentes, ao passo que é complexo se contém um grande número de elementos reagrupáveis em poucas classes.

Nessa perspectiva, pode-se dizer que o automóvel é complicado, enquanto uma calculadora eletrônica é complexa. Hoje a tendência é projetar produtos menos complicados, para reduzir o número de classes de seus elementos. Teremos assim, no futuro, cada vez mais produtos complexos e menos produtos complicados.

Conhecer os componentes de um problema após desmembrá-lo significa identificar muitos subproblemas. Encontrar muitos subproblemas em um projeto de design é um problema peculiar. Cada subproblema pode, então, ser solucionado de modo a obter um campo de soluções aceitáveis.

Por exemplo, se o problema é projetar uma luminária, este poderia abranger os seguintes subproblemas:

- Que tipo de luz deve fornecer esta luminária?
- A iluminação será graduada por um reostato?
- De qual material será construída?

- Qual será a tecnologia empregada nesse material para se fabricar a luminária?
- Onde se localizará o interruptor?
- Como será transportada e em em que tipo de embalagem?
- Já existem partes pré-fabricadas (bocal, reostato, interruptor etc.)?
- Qual forma terá?
- Quanto deverá custar?

Os itens questionados anteriormente são subproblemas que deverão ser resolvidos de modo criativo.

## 2.12 Materiais e tecnologia

Uma pequena análise dos materiais e das tecnologias que o projetista tem à sua disposição para desenvolver o projeto é muito importante. A indústria que propôs o problema ao designer certamente conta com uma tecnologia avançada para trabalhar apenas com determinados tipos de materiais. Mesmo o designer tendo sido incumbido de projetar um produto particular, em que o cliente é o próprio usuário, é necessário que ele proceda da mesma maneira, a fim de tornar sua proposta viável do ponto de vista tecnológico e material.

## 2.13 Processo criativo

Para Forcelini et al. (2018, p. 36): "O processo criativo é fruto de associações, combinações, ampliação e globalidade visual a partir de ideias existentes sob novos ângulos". No entanto, esse processo não se desenvolve de maneira fácil e rápida, e sim gradualmente, dependendo de certos percursos para que se concretize. Na sequência, vamos conferir esse tema com mais detalhes.

## 2.13.1 A criatividade

Segundo Mouchiroud e Lubart (2002), pode-se conceituar *criatividade* como a possibilidade de uma pessoa se comportar de modo inovador em determinadas situações. Em complemento a isso, Duailibi e Simonsen (2009) entendem-na como a capacidade de ter novas ideias ou dar ideias a algo novo. Esse pensamento também é corroborado por Sternberg e Lubart (1999).

Gomes (2001), por sua vez, concebe a criatividade como um grupo de fatores e processos, comportamentos e atitudes presentes no desenvolvimento do pensamento produtivo. Para o autor, criar diz respeito ao processo pelo qual os seres humanos encontram meios para conceber, gerar, formar, desenvolver e materializar ideias por meio de dois elementos distintos: (i) cinco sentidos perceptivos; e (ii) quantidade de conexões que o cérebro estabelece (Gomes, 2001).

Já para Tschimmel (2011), a criatividade é um pensamento inventivo que serve para a resolução de problemas que não têm uma solução formada. Ainda, o autor considera que o homem tem um grande potencial para ser criativo, podendo aprimorar essa capacidade (Tschimmel, 2011).

## 2.13.2 A habilidade de criar

A habilidade de criar compreende quatro formas de atuação: (i) fantasia; (ii) invenção; (iii) criatividade e (iv) imaginação, que serão detalhadas na sequência.

### Fantasia

É a habilidade de criar com irrestrita liberdade. Nesse caso, o indivíduo pode pensar em qualquer coisa, mesmo a mais absurda, incrível ou impossível. Pode fantasiar com algo inexistente ou não realizado – por exemplo, usar uma escada para chegar à Lua ou uma vara de pesca para fisgá-la e trazê-la para perto. Diante desse desejo, a mente percorre vários caminhos para tentar satisfazê-lo. Esses caminhos absurdos são os primeiros passos para o início do processo criativo.

### Invenção

A invenção utiliza a mesma técnica que a fantasia, mas com fins práticos. Inventa-se, dessa maneira, um novo motor, uma fórmula química, um material, um instrumento etc. O inventor, porém, não se preocupa com o aspecto estético de seu artefato, mas com o funcionamento, ou seja, que a ferramenta cumpra o propósito para o qual foi concebida.

De acordo com De Bono (1997), inventar consiste em idealizar algo ainda inexistente, enquanto descobrir significa encontrar algo que antes não se conhecia, embora já existisse.

Por exemplo, no caso de se desejar ir à Lua, a mente procura agrupar uma série de materiais, formas, funções etc., para inventar algo inexistente, exclusivo e prático, sem problemas estéticos, técnicos, econômicos, ergonômicos etc. Isso abre a possibilidade para verificar, por meio de observações, análises e aquisição de mais conhecimentos, qual dos experimentos permitirá que essa façanha se torne realidade.

Essa verificação dá condições para que se estude o problema de maneira mais consciente e se busque a solução com base em dados científicos, tecnológicos e técnicos. Permite, ainda, que uma outra forma de atuação da habilidade "criar" se inicie.

## Criatividade

Segundo Oech (1995), criatividade é usar um dado objetivo, obtido da fantasia e invenção em conjunto. De acordo com esse autor, a criatividade é a mais importante das habilidades para o designer, sendo usada no design de forma livre, como a fantasia, e exata, como a imaginação. Ela aborda todos os aspectos de um problema, não só a função da invenção, mas aspectos como o social, o econômico, o estético etc.

Persistindo a ideia de se chegar à lua, mas agora devidamente preparados para solucionar o problema, a mente se encontra apta para atuar criativamente. Desse modo as possibilidades de se criar algo que antes não existiu, passa a ser realizada de uma forma essencial.

## Imaginação

De acordo com Oech (1995), a imaginação é diferente da fantasia, pois invenção e criatividade são visíveis. Essa forma de funcionamento da habilidade "criar" está presente durante os momentos em que fantasia, invenção e criatividade atuam, pois a imaginação é uma forma de ver, tornando visível àquilo que mentalizam da fantasia, da invenção e da criatividade.

Ao passo que a fantasia, a invenção e a criatividade desenvolvem algo que antes não existiu, a imaginação pode ter a habilidade de imaginar, perceber algo que já existia. A imaginação não é necessariamente criadora, existem até certos casos em que a imaginação não consegue tornar visível um pensamento fantástico. Por exemplo, há pessoas que visualizam o cavalo de São Jorge na lua. Por que apenas um cavalo? Por que não um pavão? O cavalo é a primeira coisa que um ser humano vê.

O que vemos nas manchas das paredes, no conjunto dos fragmentos de granito, em certas rochas, em algumas nuvens? Há quem veja uma baleia que se transforma em um camelo, mas isso já é outra história.

### 2.13.3 Relações entre o que se conhece

A fantasia, assim como a criatividade, nasce da ligação que o pensamento estabelece com o que se conhece. É evidente que não se pode definir a ligação entre o pensamento e o que não se conhece, tampouco entre o que se conhece e o que se desconhece, assim como não se pode estabelecer relações entre uma placa de vidro e uma placa de compósito. Entretanto, é possível estabelecer relações entre uma placa de vidro (Figura 2.5) e uma folha de borracha, admitindo-se que o indivíduo conheça o vidro e a borracha. Como pode uma relação desse tipo fazer nascer o pensamento? Trata-se de um pensamento fantástico, justamente porque, atualmente, não existe vidro elástico como a borracha. Por consequência, a imaginação põe-se em movimento e parece visualizar esse vidro elástico. O que acontecerá se o puxarmos? Nada? Será como uma camada de água límpida? A imaginação começa a imaginá-lo, a vê-lo. A criatividade pode pensar em qualquer utilização adequada para ele, enquanto a invenção pode pensar na fórmula para produzi-lo.

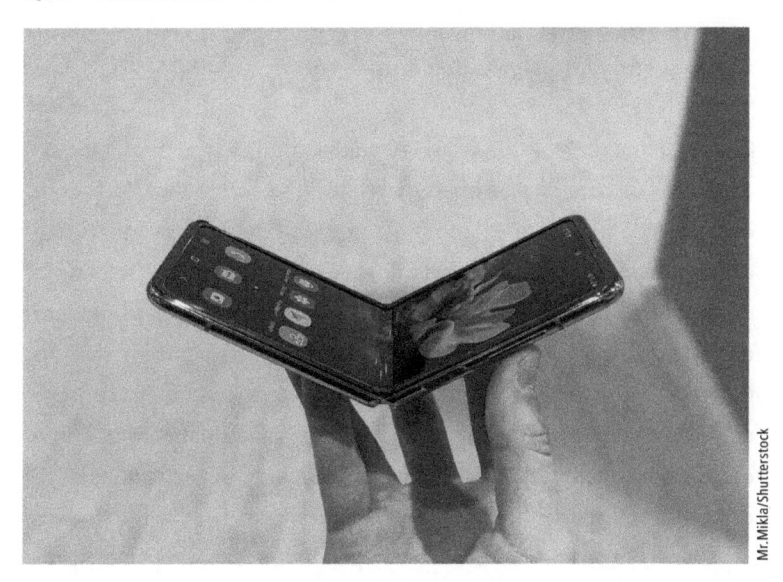

Figura 2.5 – **Placa de vidro de um celular**

Mr.Mikla/Shutterstock

Desse modo, a fantasia será mais ou menos ardente se o indivíduo tiver maior ou menor possibilidade de estabelecer relações. Um indivíduo de cultura muito limitada provavelmente não terá uma grande fantasia; sendo assim, terá sempre de utilizar-se dos meios de que dispõe, ou seja, daquilo que conhece.

O problema da fantasia é o aumento do conhecimento, permitindo um maior número de relações possíveis entre o número de dados. Há pessoas que guardam na memória uma grande quantidade de dados e são confundidas com pessoas muito inteligentes, quando, na realidade, o que se considera é apenas o que se guarda na memória. Se a pessoa não estabelece relações entre aquilo que sabe, permanecerá com uma grande quantidade de dados inertes.

### 2.13.4 Os quatro personagens do processo criativo

O que define uma pessoa criativa é sua flexibilidade mental, tal qual os pilotos de corrida passam as marchas do seu carro de acordo com o traçado da pista, por exemplo. As pessoas que são inovadoras têm a capacidade de trocar de papéis, aproveitando-se de diferentes tipos de pensamento criativo de acordo com as situações que vivenciam, mostrando, assim, serem receptivas e curiosas para atingir seus objetivos. Com base nisso, conclui-se que o processo criativo consiste em desempenhar quatro papéis diferentes, cada qual com um tipo diferente de raciocínio, um modo específico de pensar. São eles: (i) explorador; (ii) artista; (iii) juiz e (iv) guerreiro.

Vistos em conjunto, esses quatro papéis apresentam personagens com seu lado criativo capaz de desenvolver e programar ideias inovadoras. Evidentemente, o padrão para a maioria das situações criativas não é tão linear que progrida sempre na sequência explorador, artista, juiz e guerreiro, sempre há idas e vindas de um papel para o outro. Além do mais, não existe uma única maneira de ser criativo. Na verdade, cada criador tem seu próprio estilo. Diante do desenvolvimento de um conceito ou resolução de um problema, certas pessoas começam no papel de artista, saltando para explorador ou juiz até atingirem seu objetivo, enquanto outras fazem exatamente o contrário. Entretanto, o mais comum é usar o explorador nos estágios iniciais do processo criativo, o artista e o juiz na fase intermediária e o guerreiro na parte final.

## O explorador

Segundo Oech (1995), o explorador procura, pesquisa e experimenta. Quando assumimos o papel de explorador, entramos em outras áreas e estamos atentos a diferentes tipos de informação. Se sua atuação for boa, poderá passar o bastão para o artista, que irá criar ideias inovadoras.

Muita gente não parte para explorar por vários motivos, como o fato de que, por vezes, é fácil se deixar afundar nas rotinas do cotidiano. Para Oech (1995), sair da rotina demanda esforço, e, se você não se empenhar, continuará no mesmo lugar e não descobrirá nada de novo.

O explorador corre o risco de se perder, e isso é o mínimo que lhe pode acontecer, embora descobrir o diferente seja também perigoso. Há portas que estando abertas uma vez, nunca mais poderão ser fechadas. Você terá de conviver com a sua descoberta. Precisa, assim, assumir esse risco. Outro fator que trava o explorador é a especialização.

## O artista

Segundo Oech (1995), o artista acrescenta itens a partir da matéria-prima, transformando informação, padrões e ideias em novidade. As ferramentas para isso são:

- mudar o contexto;
- adotar atitude irreverente;
- brincar com as coisas;
- observar o que fazemos sob outros ângulos.

Também se pode colocar ou retirar algo utilizando a imaginação e fazendo experimentações.

O maior perigo que o artista corre é ficar na rotina do que é familiar para ele. Quanto mais executamos as tarefas da mesma maneira, mais difícil se torna pensar nelas sob novos ângulos.

É preciso ter muita confiança em si, muita autoestima, para ser um artista, pois é possível conhecer ao certo até onde essas experimentações nos levarão. Pode nos levar a coisa nenhuma, a muitas críticas ou a uma ideia totalmente original.

### O juiz

Para Oech (1995), a função do juiz no processo da criatividade é a de avaliar. Quando assume o papel de crítico, você decide o que fazer com a ideia: colocá-la em prática, modificá-la ou descartá-la definitivamente. Ao exercitar essa atividade, precisa reconhecer as imperfeições presentes na ideia, mas sem dar-lhes importância excessiva. Também lhe compete manter-se aberto a possibilidades interessantes e usar a imaginação para desenvolvê-las. Para esse autor, ser juiz é uma arte (Oech, 1995).

Ter um lado crítico é imprescindível para garantir que o indivíduo lute por uma ideia que valha a pena. É necessário saber distinguir as decisões que podem ser rápidas daquelas que exigem tempo para um estudo cuidadoso, pois, se não houver o estudo necessário, corre-se o risco de tomar uma decisão errada. Se há um papel em que as pessoas se esgotam no trabalho é o de juiz. As principais razões para isso são três:

1. o mundo está cheio de porcaria, bobagem e enganação;
2. esse papel precisa de pouca energia para ser desempenhado;
3. apresenta menos risco desempenhar esse pape

O explorador pode se perder; o artista ser rejeitado; o guerreiro, se ferir. Por isso, é bom lembrar: o juiz não cria nem põe nada em prática; logo, se perder tempo demais nesse papel, você pode acabar de mãos vazias. Nenhum juiz é perfeito. Todos nós conhecemos exemplos de grandes ideias que tiveram resultados medíocres e de ideias medíocres que se revelaram fantásticas.

**O guerreiro**
Oech (1995) define o guerreiro como alguém que transmite uma ideia para o mundo. Para esse autor, o processo da criatividade não é uma sequência linear de passos.

É o guerreiro que liga as duas pontas e informa aos outros personagens o que funciona, o que não funciona e quais são as possibilidades.

Os maiores inimigos da ação são o medo e a insegurança. A arma mais poderosa que existe para combatê-los está em sua cabeça: é a convicção do que você pode fazer acontecer. Henry Ford (citado por Oech, 1995, p. 142) dizia: "você está sempre certo, quer pense que pode, quer pense que não pode". Por meio de uma atitude positiva, podemos nos encher de coragem e, assim, eliminarmos a dúvida e o medo do fracasso, capazes de impedir a execução dos nossos objetivos. Lembre-se das palavras: "ou você não faz as coisas que deseja e deixa a vida passar, ou se levanta e trata de fazê-las".

## 2.14 Técnicas de criatividade

Para Alves, Campos e Neves (2007), as técnicas de criatividade são formas de acelerar o processo criativo, que podem gerar as soluções necessárias, independentemente da criatividade que for desenvolvida. Elas promovem melhor interação entre os membros de uma equipe de criação, ajudando no desenvolvimento da criatividade destes.

Daalhuisen (2014) afirma que essas técnicas auxiliam os designers a desenvolverem novas ideias pelo estímulo da capacidade do pensamento. Servem como ferramentas mentais para o projetista no processo do projeto e no desenvolvimento de sua criatividade. As técnicas criativas estimulam o projetista a desenvolver a maior quantidade de alternativas, possibilitando soluções inovadoras.

Assim, segundo Morris (2011), as técnicas de criatividade auxiliam nas inspirações de acordo com as necessidades dos projetistas, possibilitando torná-los mais criativos e críticos

Já para Coronas e Hernández (2012), antes da resposta para um problema por meio do processo criativo, deve-se ter clareza sobre a divergência e a convergência do ser humano. Os autores relatam ainda a necessidade de separar os momentos de divergência, que são utilizados para desenvolver dados sem avaliações, das críticas prévias para a seleção de ideias mais relevantes. No entanto, existem técnicas de criatividade diversas e diferentes adequadas aos momentos de convergência e divergência.

2.14.1 **Processo criativo no design**

O processo criativo é o resultado de combinações e associações visuais a partir de ideias existentes. Baxter (2000) afirma que umas das habilidades mais misteriosas e importantes é a criatividade, elemento indispensável para grupos de projetos.

A criatividade é apresentada por Tschimmel (2011) como uma capacidade cognitiva que se torna passível de ser produzida e aplicada para a criação de algo novo. Esse autor destaca a capacidade cognitiva como uma forma criativa de pensamento, resultante da ligação do conhecimento e das operações mentais armazenados na memória.

Na área do design, que trabalha com a criatividade, todos os momentos fazem parte de um processo criativo, mesmo que ele seja visto como uma etapa que relaciona diversos elementos para serem criadas ideias, para gerar as soluções (Csikszentmihalyi, 2006).

Baxter (2000) afirma que é muito importante o processo criativo no início das etapas do projeto e que a criatividade é essencial no processo projetual, tanto no início das etapas quanto para escolher os meios eficientes para sua informação. Nesse sentido, as técnicas de criatividade podem ser usadas em várias etapas do desenvolvimento do projeto.

2.14.2 **Técnicas criativas e suas aplicações no design**

As técnicas criativas no desenvolvimento de projetos são apresentadas em alguns momentos de seu processo.

### Brainstorming

O *brainstorming* consiste em um método de origem estadunidense e é uma técnica bastante popular (Coronas; Hernández, 2012). Tornou-se conhecido no final da década de 1930, por meio de Alex Osborn, e, traduzido para a língua portuguesa, passou a ser conhecido como "tempestade de ideias".

Segundo Wilson (2013), é considerado um método gerador de ideias, que auxilia o aumento da criatividade ou a busca por soluções para problemas no projeto.

De acordo com McShane e Von Glinow (2014), esse método apresenta quatro etapas para quantificar e qualificar as ideias apresentadas, são elas:

1. falar de forma livre, sem prever julgamentos;
2. não criticar ideias ou outras pessoas;
3. contribuir com o máximo de ideias;
4. aproveitar ideias que outras pessoas sugerem.

Di Nizo (2009), destaca como prioridades do *brainstorming* a proibição do julgamento, o oferecimento de valor e a associação de ideias.

Por sua vez, Rossiter e Lilien (1994) relatam que os grupos devem ser utilizados para selecionar as ideias e os projetistas devem fornecer as classificações finais a fim de elencar as melhores ideias para um *brainstorming* bem-sucedido.

O *brainstorming* no design pode ser utilizado como inspiração para o projetista e no processo de identificação de oportunidades de trabalho, bem como a partir do momento em que se tem uma ideia. Na fase de criação, são geradas alternativas (conceitos) para o projeto mediante o *brainstorming*.

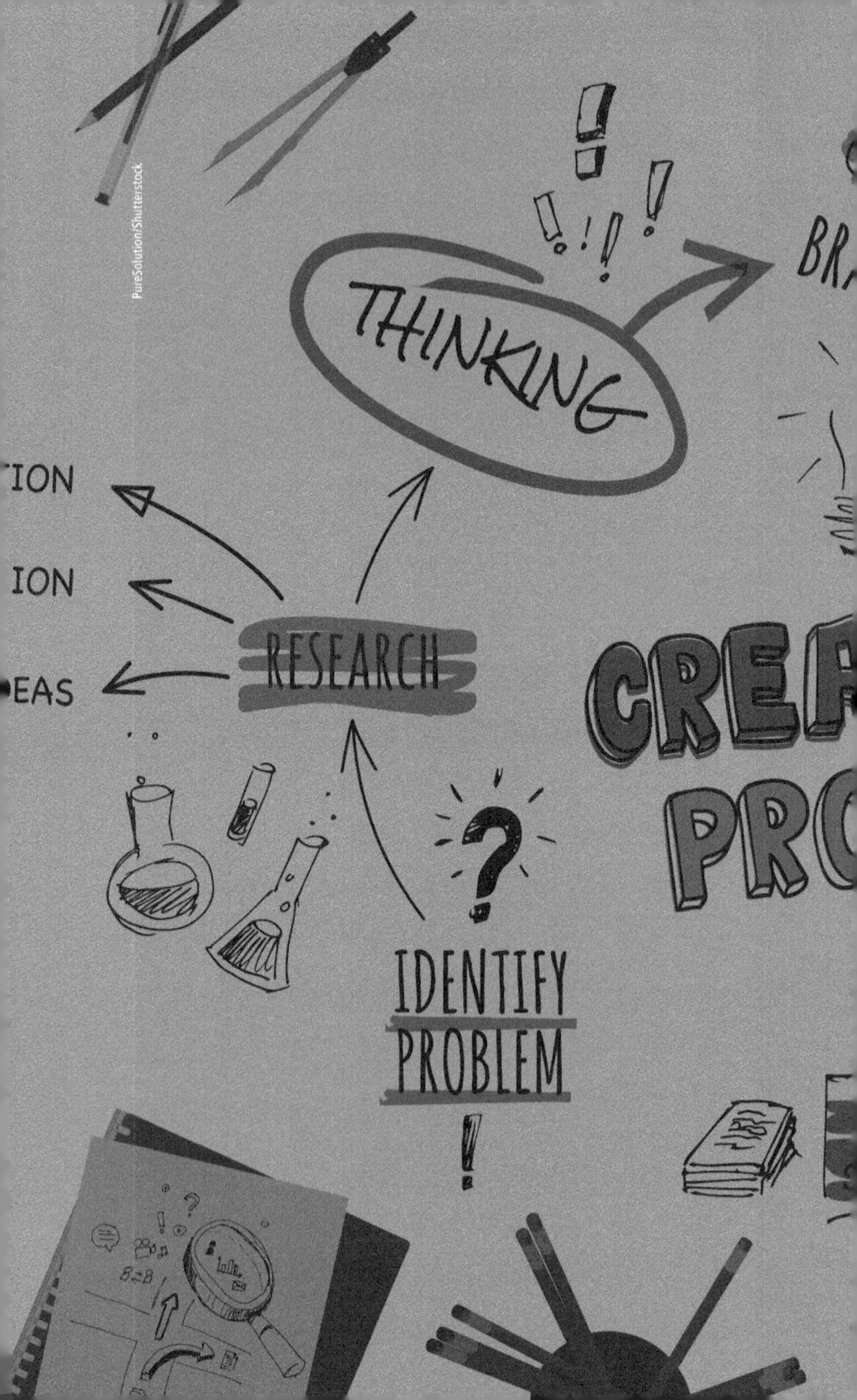
THINKING
RESEARCH
IDENTIFY PROBLEM

# CAPÍTULO 3

# DESCRIÇÃO DOS MÉTODOS DE DESIGN

Este capítulo descreve alguns métodos auxiliares de várias áreas do conhecimento. Há alguns que são adaptações de técnicas ou ferramentas utilizadas em outras áreas, como em publicidade, engenharia, administração, psicologia, entre outras, porém são também utilizados no processo de design.

## 3.1 Reverse brainstorming e brainstorming individual

Segundo Forcelini et al. (2018), o *reverse brainstorming* é um *brainstorming* ao contrário, ou seja, é uma atividade que procura os defeitos de um produto, uma ideia ou um serviço. Isso ocorre porque, quando se analisa as falhas de um produto ou serviço, pode-se, eventualmente, produzir ou descobrir novos usos – e assim como na sessão de *brainstorming*, é proibido criticar as soluções que surgem.

Essa metodologia tem a finalidade de fazer os participantes terem uma visão exterior do projeto de que desejam participar, pois o envolvimento com um produto, uma ideia, um serviço ou uma empresa pode fazer com que o projetista acabe com suas perspectivas. Também são necessárias anotações de observações feitas anteriormente, a fim de julgá-las depois.

O *brainstorming* individual é mais uma variante do *brainstorming*, quando realizado por um indivíduo apenas. Nesse caso, a eliminação dos padrões de julgamentos internos, externos e o uso adequado das ideias anotadas podem resultar em boas ideias, em alternativas que talvez venham a ser avaliadas como soluções para um problema.

Contudo, é preciso ter muito cuidado com a utilização do *brainstorming* individual, uma vez que, pelo fato de se estar sozinho na elaboração e/ou na construção de soluções para os problemas propostos, o profissional pode ser levado a induzir nosso julgamento para aquilo que mais nos agrada ou que mais se identifica conosco. É necessário ser o mais imparcial possível e agir dentro dos objetivos e requisitos propostos em todo o projeto, observando as soluções mais viáveis dentro daquilo que se inspira como solução.

Recomenda-se, para uma sessão de *brainstorming*, que participem no mínimo duas pessoas, que possam gerar soluções, analisando e discutindo com o intuito de se chegar a uma solução adequada para o problema proposto.

> Por exemplo: uma empresa que produz carrinhos para fazer compras busca ampliar seu programa de produtos utilizando tecnologia (dobrar perfis, soldar, pintar, plastificar tubos e tecido de arame), que auxiliará na produção de itens variados, conforme lista a seguir.
> 
> - Equipamento residencial:
>   - móveis de aramado;
>   - utilidades domésticas (escorredor de pratos, prateleiras, grelhas etc.);
>   - esquentador de marmitas;
>   - máquina de café.
> 
> - Construção civil:
>   - abrigos;
>   - elevador;
>   - esquadrias;

- > orelhão;
- > grades.

- Equipamento e mobiliário urbano:

  - > banca de jornal;
  - > *stands* para exposição;
  - > bancos para praças;
  - > lixeiras.

- Equipamentos para o trabalho:

  - > pranchetas;
  - > luminárias;
  - > mapotecas.

- Equipamento e material de lazer:

  - > balanços;
  - > equipamentos de *camping*;
  - > ultraleve;
  - > asa-delta.

- Critérios para escolha:

  - > desenvolver seus próprios projetos;
  - > indústria de médio porte;
  - > acesso a componentes;
  - > matéria-prima na região;
  - > localização nordeste;
  - > bom acabamento.

- Resultado:
  - sistema modulado aramado ou tubular para uso residencial;
  - carro para transporte de bagagens em hotéis e aeroportos;
  - carro para transporte de lixo;
  - carro médico-hospitalar.

Por meio de análises dos itens listados aqui utilizando o método de *brainstorming*, é possível identificar de que maneira a empresa poderá ampliar seu programa de produtos.

## 3.2. Método 635

Outra técnica utilizada para criatividade requer, obrigatoriamente, a participação de seis pessoas, que deverão gerar três soluções diferentes para um problema dado em um intervalo de cinco minutos. Essas soluções, então, são desenvolvidas, associativamente, cinco vezes por cinco outras pessoas. Por esse motivo, é denominado *método 635*. Em comparação com o *brainstorming* tradicional, não é necessário um coordenador nem alguém para registrar as informações.

Exemplo: Em uma empresa de transformação de couro surgem sobras de peças de couro de 0,40 × 0,40 cm. Então, realiza-se a seguinte pergunta: "Como poderíamos utilizar esses pedaços de couro?". Encontra-se a resposta relacionando o Quadro 3.1, a seguir, com o formulário do Quadro 3.2, na sequência.

Quadro 3.1 – **Método 635**

| 1.1 | 1.2 | 1.3 |
|---|---|---|
| | | |
| 2.1 | 2.2 | 2.3 |
| | | |
| 3.1 | 3.2 | 3.3 |
| | | |

*(continua)*

Mega Pixel, Eduardo Rocha, Kotin, Watercolor_bird, Karina Bakalyan, avs, Ljupco Smokovski, ATASOY, Sanit Fuangnakhon, FocusStocker, Instudio 68, Africa Studio, Ian Dikhtiar, ArchMan, Pixel-Shot, Tatiana Popova, Gunnar Pippel e Richard Peterson/Shutterstock

*(Quadro 3.1 – conclusão)*

| 4.1 | 4.2 | 4.3 |
|---|---|---|
| (bola de futebol) | (corda de pular) | (banqueta) |
| 5.1 | 5.2 | 5.3 |
| (baralho de cartas) | (alvo com flechas) | (mochila) |
| 6.1 | 6.2 | 6.3 |
| (relógio de parede) | (luvas de boxe) | (cinto) |

    Dos seis participantes, cada um anota em um formulário específico, mostrado no Quadro 3.2, três sugestões esquematizando-as ou descrevendo-as verbalmente. Depois de cinco minutos, o participante passará o formulário para o próximo, o qual dará mais três sugestões. O procedimento encerra quando os formulários passarem por todos os participantes, voltando ao membro inicial.

Quadro 3.2 – **Modelo de formulário para método 635 (desejável formato A3)**

| Definição do problema: | | Membros:<br>1.<br>2.<br>3.<br>4.<br>5.<br>6. |
|---|---|---|
| 1.1 | 1.2 | 1.3 |
| 2.1 | 2.2 | 2.3 |
| 3.1 | 3.2 | 3.3 |
| 4.1 | 4.2 | 4.3 |
| 5.1 | 5.2 | 5.3 |
| 6.1 | 6.2 | 6.3 |

O processo do formulário (Quadro 3.2) é contínuo até completar 30 minutos, quando todos estão preenchidos. A proposta desse método é que nenhum participante incomode os outros, motivo pelo qual a técnica deve ser realizada em silêncio.

## 3.3. Caixa morfológica

Essa caixa auxilia nas possíveis soluções por meio da combinação de elementos ou subsistemas do projeto, sendo um tipo de matriz em que, no sentido vertical, constam todos os parâmetros do problema (subsistemas), e do lado horizontal, todas as soluções existentes ou imagináveis. Buscando soluções, é recomendável aplicar técnicas como o *brainstorming* ou o método 635. Posteriormente, faz-se a combinação vertical das soluções parciais que parecem apropriadas em relação às ideias. O passo seguinte é discutir, avaliar e aperfeiçoar as soluções parciais, para, posteriormente, selecionar e realizar a solução.

A seguir, o Quadro 3.3 apresenta um exemplo da matriz da caixa morfológica que serve para ampliar as possibilidades de combinações e recombinações que o processo criativo para o desenvolvimento de um conceito em um projeto de design exige. O método propõe o cruzamento dos elementos de um dado problema com suas possíveis soluções, os quais, quando mesclados, servirão de inspiração para a criação de novas ideias.

Quadro 3.3 – **Exemplo de caixa morfológica**

Temos neste quadro 3 produtos (P1, P2 e P3): 4 soluções para o Subgrupo 1 = (C1)(C2)(C3)(C4)(C5); 2 soluções para o Subgrupo 2 (C1)(C2); 4 soluções para o Subgrupo 3 (C1)(C2)(C3)(C4); e 3 soluções para o Subgrupo 4 (C1)(C2)(C3). Portanto, teremos 5 x 2 x 4 x 3 = 120 combinações.

|  | C1 | C2 | C3 | C4 | C5 |
|---|---|---|---|---|---|
|  | Hora/ Minuto/ Segundo Dia/Mês/Ano | Hora/ Minuto/ Segundo Dia/Mês/Ano | Hora/ Minuto/ Segundo Dia/Mês/Ano | Hora/ Minuto/ Segundo Dia/Mês/Ano | Hora/ Minuto/ Segundo Dia/Mês/Ano |
| SUBGRUPO 1 | Digital / Digital | Analógico / Ponteiros/ números/ gráfico | Ponteiros/ números | Ponteiros | Ponteiros |
| SUBGRUPO 2 | Mecânico / Corda | Automático | Eletrônico / Bateria | Bateria + Quartzo |  |
| SUBGRUPO 3 | Choque Água Profundidade | Choque Água | Choque | Água |  |
| SUBGRUPO 4 | Metais nobres | Metais comuns | Plásticos |  |  |
| | P1 | P2 | | P3 | |

Art of Life, Melih Evren e Olga Popova/Shutterstock

A matriz da caixa morfológica pode ser utilizada, por exemplo, no desenvolvimento de um produto e pode ser facilmente aplicada, como apresentado no Quadro 3.3.

### 3.4. Busca de analogias

Essa técnica auxilia na ampliação do número de soluções, utilizando casos semelhantes em outras áreas ou submetendo os componentes a transformações – por exemplo, imaginar diferentes soluções para objetos; pensar em modificações para produtos; aumentar, minimizar, reduzir, substituir e combinar itens em objetos por analogias.

Esse tipo de técnica surge por meio do mapeamento do próprio processo cognitivo do indivíduo, o qual ocorre mediante a informação usada durante a geração de ideias. Segundo Kim e Horii (2015), a informação que é usada pelo individuo baseia-se, na maioria das vezes, em analogias funcionais e estruturais, bem como em relações entre suas funções.

A seguir, apresentamos mais um exemplo de busca de analogias. O Quadro 3.4 é utilizado como inspiração para a forma análoga ao objeto na Figura 3.1.

Quadro 3.4 – **Formas geométricas**

| 1º passo: determinar princípios básicos de aumentar e diminuir a partir de analogias | | | | |
|---|---|---|---|---|
| 1 tipo Sanfona | 2 tipo Balão | 3 tipo Mola | 4 tipo Modulação | 5 tipo Telescópica |

2º passo: transformar os princípios abstratos em produtos.
Exemplo: recipiente para líquidos

Fonte: Bonsiepe, 1984. p. 45.

A sanfona serve de inspiração para o desenho do rosqueamento e é inserida na lateral da peça, o que faz lembrar uma sanfona, a qual serve de analogia para desenvolver o produto (tonel) da Figura 3.1. O mesmo raciocínio de analogia do balão (Quadro 3.4) para desenvolvimento de um béquer (Figura 3.1) e assim por diante.

Figura 3.1 – **Produtos com base nas analogias do Quadro 3.4**

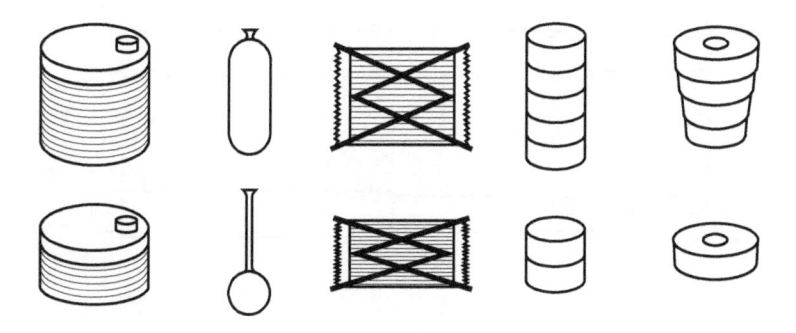

Fonte: Bonsiepe, 1984, p. 45.

Nesse método de analogias, a informação parte do mais alto nível e vai para o mais abstrato, por exemplo, valores, emoções, atributos semânticos, cor, textura, forma, entre outros.

## 3.5. Morfogramas

Os morfogramas apresentados nas Figura 3.2 e 3.3 mostram as alternativas e variantes formais de um objeto. Os morfogramas são estudos da forma do produto que o designer almeja projetar. O primeiro passo é fazer a subdivisão do objeto em zonas características, em termos de estrutura formal. Posteriormente, apresentam-se, para cada zona formal, determinados conceitos formais. Esse é o princípio de busca de soluções para cada subproblema, independentemente de haver outros.

Figura 3.2 – **Morfogramas I**

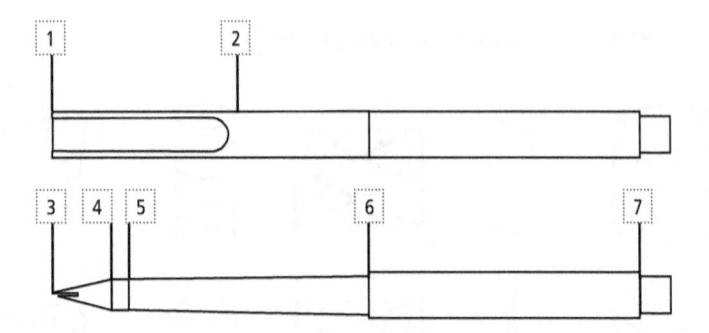

A Figura 3.2 mostra uma sequência de formas geométricas, as quais, quando justapostas, apresentam o todo do objeto (caneta) sendo possível mesclar várias formas e criar formas de design para o objeto.

Figura 3.3 – **Morfogramas II**

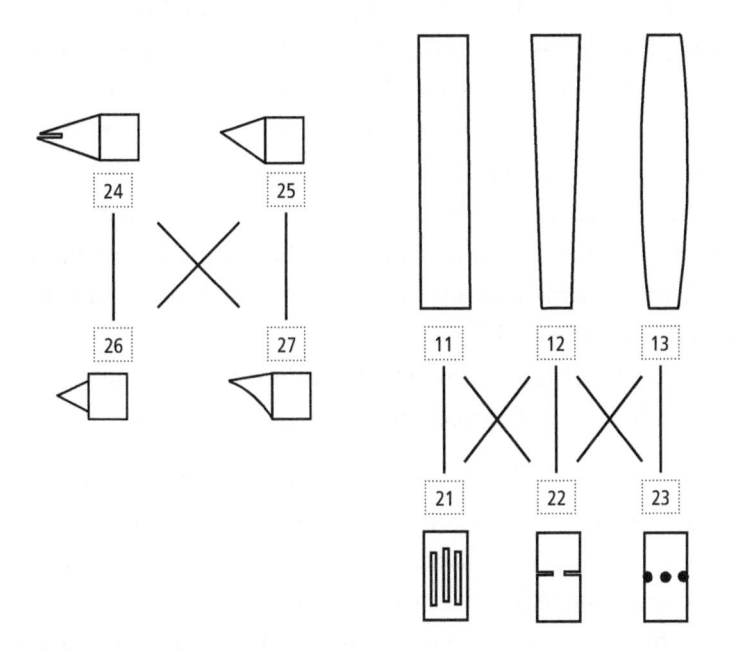

Já a Figura 3.3 apresenta estudos de formas geométricas que mais se adéquam à forma inicial do objeto (ponta da caneta), assim como estudos do corpo deste.

## 3.6. Biônica

Segundo Pazmino (2015), *biônica* é uma ciência que pesquisa sistemas naturais relativos a forma, função e materiais, com o objetivo de apresentar características semelhantes. Essa área teve seus estudos iniciados nos anos 1940, para fins científicos e militares. Por meio da análise de princípios e características funcionais dos sistemas naturais, é possível encontrar soluções para problemas encontrados no projeto. De acordo com Morris (2011), o termo *biônica* foi utilizado para descrever o uso sistemático de analogias biológicas e botânicas com o objetivo de solucionar problemas de design e engenharia.

Para Pazmino (2015), no design, a biônica é empregada na parte operacional dos elementos do projeto, sendo sugerida como inspiração para a idealização, com o objetivo de buscar referências naturais para a solução de problemas.

Já Ramos (1993) aponta três procedimentos para utilizar a técnica da biônica no design de produtos:

1. definir um problema, uma ideia nova ou uma necessidade de projeto, partindo do entendimento de soluções naturais;
2. por meio de um problema, *briefing* ou requisito específico, buscar solução inspirada na natureza;
3. definir uma função específica por meio da análise de uma função semelhante.

Para Pazmino (2015), a aplicação dessa ciência no processo de projetos de produtos auxilia na criação de um produto original e novo. É importante utilizá-la como técnica auxiliar na etapa de criação e, principalmente, no momento da idealização. Morris (2011) cita como exemplo de aplicação da biônica as superfícies texturizadas em navios de guerra – aplicação que era semelhante à pele dos tubarões e tinha o intuito de permitir um deslocamento mais eficiente dentro da água. Pode-se considerar, como nesse caso, a busca de soluções na natureza por meio de sistemas naturais, com o objetivo de transferir princípios naturais para princípios técnicos.

Segundo Munari (1981), a biônica estuda os seres vivos e busca encontrar processos para novas técnicas que sejam aplicados à tecnologia. Ela pesquisa também as características e os sistemas com transposição de matéria, tais como: extensão de comandos e movimentos, transferência de energia e de informação, que serão utilizados como inspirações, a partir de um fenômeno natural, para assim poder desenvolver uma solução projetual. Da estrutura natural do bambu, de sua fibra, por exemplo, nasceu a ideia de reforçar matérias plásticas com fibra de vidro; do estudo das formas de certos peixes, nasceram as formas usadas nas embarcações. Do movimento oscilante dos peixes que se movem na água, por exemplo, pode nascer a ideia de uma bomba. Ideias como análise de um fruto, da textura de um réptil (Figura 3.4), do movimento de um animal, da flexibilidade de uma cana de bambu ou da resistência da casca de um ovo são certamente úteis à pesquisa científica, podendo estimular a criatividade, aplicando-se, assim, a técnica da biônica no projeto de produto.

Figura 3.4 – **Lagarto do Sul da França, que possui sob as patas lâminas maleáveis que possibilitam escalar superfícies lisas**

Tipos de solas de calçados para caminhadas foram projetadas usando o mesmo princípio das patas de um lagarto, auxiliando na subida em terrenos de rocha escorregadia.

A técnica biônica se inspira nas soluções encontradas na natureza por serem eficazes e em razão de a estrutura natural de animais ser regulada em sua evolução por precisas leis da física. Assim, o designer que busca soluções para seus problemas de projeto pode encontrar ideias inovadoras e usar as soluções existentes no meio natural, aproveitando o grande potencial que há na natureza. Assim, as formas que são inspiradas na natureza são mais adequadas para desenvolver produtos.

## 3.7. Mapa mental

O mapa mental no campo do design é um método que auxilia na organização do pensamento do projetista, permitindo-lhe uma visão geral do problema, de modo que se possa reunir grande quantidade de dados em um só lugar.

Segundo Dutra et al. (2006) e Pazmino (2015), o mapa mental é uma técnica utilizada para representar graficamente e organizar partes do que se compreendeu sobre determinado tema em estudo. Ainda para Dutra et al. (2006), essa técnica é representada graficamente por meio de conjuntos conceituais interligados por unidades de sentido, conforme mostra a Figura 3.5. Para Pazmino (2015), consideram-se elementos conceituais as palavras ou signos, como imagens estimuladas na mente humana.

Figura 3.5 – **Esquema de mapa mental ou conceitual**

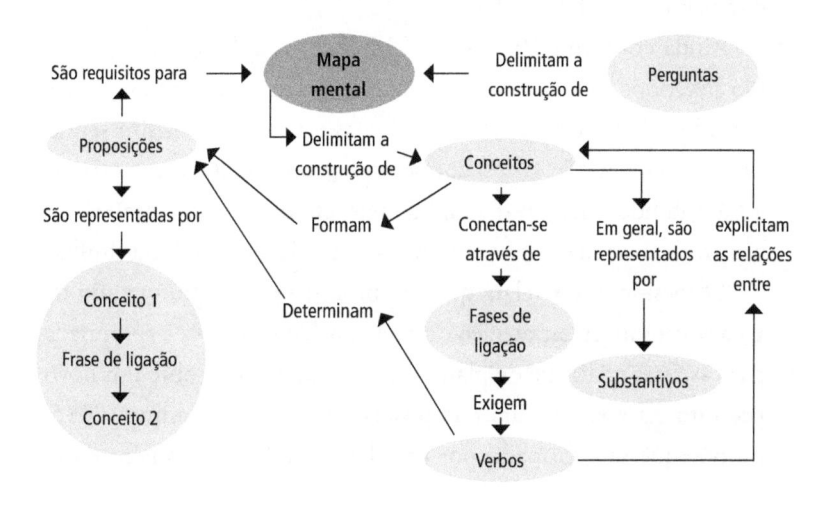

Fonte: Elaborado com base em Dutra et al., 2006, citados por Forcelini et al., 2018.

O mapa mental, segundo informa Pazmino (2015), na área do design, é uma ferramenta auxiliar na organização dos pensamentos, com uma visão geral do problema no planejamento dos objetivos. Pode ser usado nas fases de planejamento, síntese, análise e criatividade.

## 3.8 Sinética

Para Pazmino (2015), Coronas e Hernández (2012), essa técnica criativa possibilita uma visão do problema por meio de novas percepções; no entanto, utiliza os seguintes procedimentos mentais: transformar o estranho em familiar e o familiar em estranho por meio de semelhanças. Segundo Coronas e Hernández (2012), é comum sentir medo em relação ao que é estranho e desconhecido e, para enfrentá-lo, é preciso examinar diferentes partes para compreendê-las e torná-las familiares.

Ainda conforme Pazmino (2015), para a aplicação da técnica, são sugeridos três a cinco participantes, os quais devem estar acostumados com a utilização de analogias e metáforas. Assim sendo, um componente do grupo apresenta o problema de forma extensa e cabe ao líder incentivar *insights*, mas sem dar ideias. Compete ao grupo escrever suas ideias em um caderno de anotações ou similar.

O mesmo autor relata que, no processo de design, quando da atuação nos níveis estratégico e operacional, essa técnica é apropriada para as fases criativa e de planejamento, na decisão sobre um novo produto ou serviço. Para composição do grupo, Pazmino (2015) propõe que seja formado por um designer, um engenheiro e um especialista em ergonomia ou em *marketing*. Sugere, ainda, que, em vez de citar o produto a ser produzido, o líder do grupo proponha a função deste.

### 3.9 Persona e cenário

Esse método é importante para se construir as características de usuários *(personas)* que servirão como modelos para o projeto. As características são criadas de forma fictícia (nome, estilo, comportamento, atividades, consumo etc.), sintetizando atributos reais dos usuários. As *personas* são criadas, então, de acordo com os resultados das pesquisas de mercado, das entrevistas, dos questionários etc. Já a expressão *cenário* é dada ao contexto em que as personas transitam.

Segundo Pazmino (2015), o termo *persona* é uma representação voltada para o indivíduo, que tem mente, corpo e sentimentos; assim, o público-alvo tem nome e personalidade, como uma pessoa real. Essa técnica procura expor de forma mais satisfatória o público-alvo em processos de projetos voltados ao usuário, ajudando os designers na criação de determinados produtos. Nesse sentido, os usuários são definidos com base na definição do público que utilizará o produto e fundamentam-se em resultados de entrevistas, questionários e pesquisas de mercado. Os lugares seguem o mesmo princípio das *personas*, porém lembram o contexto em que elas transitam.

Ainda segundo Pazmino (2015), essa técnica é realizada sobre diversos pontos de vista, expondo ações e reações que acontecem no contexto, bem como nos movimentos das pessoas e nas interações entre elas, incluindo o ator, o sistema e o contexto. De acordo com

Morris (2011), saber o destino do produto, localizando o conceito em um local futuro, pode facilitar a geração de novas ideias; portanto, propõe-se que sejam pensados vários locais com pessoas de diversas formações.

Assim sendo, a imaginação é o ponto-chave dessa técnica, tentando descrever ou representar, nos mínimos detalhes, tanto um local ideal quanto um cenário de catástrofe (Guimarães, 1995).

Pazmino (2015) diz que, no design, usam-se as *personas* para apresentar uma forma mais real do público-alvo, para o processo de projetos com foco nos usuários. Em outras palavras, as *personas*, pessoas imaginárias, como também locais e contextos imaginários, auxiliam os designers na criação de produtos, descrevendo possíveis perfis de usuários e circunstâncias a serem entendidos e inseridos nesse processo. São modelos definidos que partem da especificação do usuário do produto e onde este vai ser utilizado.

No design, a sua aplicação pode acontecer em todas as fases de um projeto, desde a inspiração até a sua execução. No instante da ideação, pode auxiliar na elaboração de alternativas mais coerentes, enquanto na implementação pode ajudar na avaliação das alternativas.

### 3.10 Morfologia do projeto

Cada projeto é único, embora quase todos tenham as mesmas características, a mesma sequência das etapas, ou seja, pode-se seguir com extrema rigorosidade um modelo de fases, mas isso não implica que o projeto será bem-sucedido.

Para Asimow (1968), o processo projetual possui um modelo geral de como se deve prosseguir um projeto, no qual se especificam as principais fases que um projeto deve conter; tudo nasce com uma necessidade primitiva, que é o princípio para dar início a um projeto. Esse modelo geral é constituído de sete fases do processo projetual, as quais são inteiramente independentes uma das outras para sua perfeita execução, como apresentado seguir.

**Fase I – Estudo de exequibilidade**
Nessa fase, são realizados estudos de condições de execução do projeto. Viabilidade do sistema, exploração de problemas, viabilidade financeira e compensação econômica são pontos analisados e discutidos, para que o sucesso do projeto seja garantido.

**Fase II – O projeto preliminar**
Essa fase, em geral, inicia-se quando a anterior está totalmente definida. Consiste em estabelecer qual das alternativas propostas na "Fase I" apresenta a melhor ideia para o projeto.

**Fase III – O projeto detalhado**
É nessa fase que o produto começa a tomar "rosto", pois as duas fases iniciais exigiam mais habilidade; nesse momento, então, o projeto começa a tomar sua forma definitiva. As grandes mudanças já não são tão bem aceitas quanto nas fases anteriores. À medida que se aumenta o nível de detalhamento, o projeto experimental é iniciado, então são construídos modelos experimentais, protótipos etc. para que as primeiras ideias sejam analisadas.

**Fase IV – Planejamento do processo de produção**

É nessa fase que a decisão de fabricação do produto é tomada, pois se trata da fase mais analítica do sistema. Logo após serão tomadas as decisões fixas e estruturais do produto. Essa etapa é mais acentuada em indústrias de grande produção.

**Fase V – Planejamento de distribuição**

Nessa fase, analisa-se todo o processo de distribuição do produto, como transportes, embalagens, tempo etc.

**Fase VI – Planejamento do consumo**

Essa fase apresenta como o produto será consumido, ou seja, como o produto será visualizado pelo consumidor.

**Fase VII – Planejamento de retirada**

É a fase que, caso o produto caia em desuso, mostrará como vai se realizar a troca ou a substituição dele.

O modelo constituído pelas etapas descritas aqui encerra-se na fase da retirada do produto do mercado. Na metodologia projetual, existem "regras" de como se deve prosseguir em um projeto, as quais podem ser referidas como caminho a percorrer, no entanto, cada projeto pode ir por um caminho, com todos chegando em um mesmo destino.

### 3.10.1 O estudo de exequibilidade

O estudo de exequibilidade divide-se em várias etapas, como mostrado a seguir.

## Necessidade: o estabelecimento de sua existência econômica

O ponto inicial de um projeto é a necessidade hipotética que se observa corretamente no cenário socioeconômico, apoiando-se em observações ainda não verificadas, com base em estudos de mercado e de consumo. A necessidade pode ainda não existir, mas talvez esteja latente, sendo evocada quando houver disponibilidade de meios econômicos para sua satisfação. Muitas vezes, uma organização se arroja em um projeto do qual a parte técnica resulta em sucesso, enquanto a parte financeira resulta em fracasso, pois a necessidade era efêmera.

## Problema do projeto: Identificação e formulação

Antes de se fazer qualquer busca por soluções possíveis para os meios de satisfazer as necessidades, o problema do projeto deve ser identificado e formulado. As informações à disposição surgem dos resultados do passo anterior, principalmente as referentes às especificações dos resultados desejados, e dos relevantes conhecimentos técnicos a respeito dos meios, recursos e princípios gerais de engenharia. Um questionamento deve ser sempre realizado para saber se a proposição técnica resultante do problema é suficientemente relevante e adequada ao projeto. Nunca se deve desprezar as informações anteriores.

## Síntese de possíveis soluções

Inicia-se a síntese, formalmente, depois que se entende bem o problema do projeto.

Essa etapa, mais do que qualquer outra, exige esforços de criação e de invenção. A descoberta de novos materiais, a tarefa de desenvolver novos componentes é papel do projetista.

### Realização física

Um conjunto de soluções plausíveis é o que resulta do passo da síntese. O problema é saber se é possível realizar tal incorporação física prática tal como sugerido pela concepção.

### Compensação econômica

Os produtos devem passar pelo teste de compensação econômica, o qual depende totalmente do mercado que é estimado e expresso em termos de dinheiro. O projetista deve estar preparado psicológica e economicamente para enfrentar o produtor, o distribuidor e o consumidor.

Algumas vezes, acontece de um projeto bom, mas de grande valor econômico, não poder ser realizado. Nesse caso, o projeto deve ser analisado principalmente em relação a sua viabilidade financeira, antes de serem feitas algumas despesas iniciais.

### Projeto

Para Asimow (1968), o projeto é um procedimento envolvendo a resolução de problemas, sendo composto por três estágios:

1. análise da situação na qual se encontra o problema;
2. síntese de possíveis soluções para o problema;
3. avaliação das soluções e, caso haja diversas soluções aceitáveis, da decisão sobre qual será a melhor.

Ainda há possibilidade de um quarto estágio, o de revisão, que visa melhorar a solução escolhida.

O procedimento de projetar é simples, pois a estrutura de um projeto é como um esqueleto (morfologia), e o processo é constituído de passos.

Das análises à revisão do projeto detalhado, o processo é sequenciado, e cada passo tem seus obstáculos solucionados. Dessa forma, não se pode apresentar um modelo para estabelecer os passos de projetar, pois, como cada projeto é diferente, consequentemente os passos de cada um serão diferentes. Não existem passos predefinidos, uma vez que estes só podem ser estabelecidos diante do problema.

A respeito dos problemas, Asimow (1968) deixa claro que é preciso enxergar os passos, pois eles não aparecem de forma clara para indicar a situação correta. Ainda, geralmente o designer não recebe um problema, mas sim uma situação que envolve muitos elementos problemáticos. Existem também dificuldades na forma de refletir sobre como solucionar esses problemas, e é preciso ter claro o sentido da solução do problema em questão para saber aonde se quer chegar.

Asimow (1968) informa que se deve explorar o conhecimento e também a ignorância sobre a situação. Os objetivos devem ser fielmente atingidos, assim como as dificuldades devem ser superadas. Melhores meios existem, deve-se, no entanto, procurá-los, lembrando sempre que limitações circunscrevem qualquer solução aceitável e, finalmente, que o critério deve ser usado para julgar a excelência de uma solução. Essas proposições só são válidas, porém, se conhecermos a situação que envolve o problema (Asimow, 1968).

### Síntese das soluções do projeto

À medida que se pratica projetos, acumula-se experiência, aumentando a habilidade de visualizar os problemas e seus subproblemas. Há sempre mais de uma solução, é preciso apenas decidir por aquela que estiver de acordo com as limitações impostas e com o tempo de que se dispõe.

### Avaliação das soluções

No processo projetual, torna-se imprescindível que se realize uma verificação do modelo, pois, como vimos, pode haver mais de uma solução. Nesse sentido, apresenta-se o modelo em execução para certo número de prováveis usuários e pede-se que deem uma opinião acerca do objeto.

Baseado nas opiniões dos usuários, faz-se um controle do modelo para verificar se há possibilidade de modificá-lo, sempre que as observações se fundamentem em valores objetivos. Se alguém diz: "Não faz meu gosto, só gosto do estilo do século XV", trata-se de uma opinião pessoal, não sendo válida para todas as pessoas. Se outra pessoa falar: "O interruptor está muito pequeno", será preciso verificar a possibilidade de aumentá-lo. Pode-se, então, realizar um controle econômico para verificar se o valor de produção permitirá um preço viável na venda do produto.

Tendo como base todos os dados posteriores, pode-se iniciar desenhos construtivos, em escala natural, com todas as medidas e indicações necessárias para realização do protótipo.

No procedimento projetual, são elaboradas várias soluções parciais e alternativas. Em cada uma das propostas, decide-se a respeito de certo ponto. A avaliação dessas soluções deve levar em consideração a satisfação total e plena dos requisitos adotados para o projeto; caso exista mais de um conceito que atenda àqueles requisitos, deve-se ter como base a experiência profissional e o conhecimento técnico, utilizando bom senso para fazer uma escolha mais efetiva.

Geralmente, as avaliações são realizadas individual e parcialmente; portanto, deve-se procurar agir de modo neutro e trabalhar em grupo, apresentando as propostas e escutando as opiniões e as sugestões dos outros participantes. Existem algumas técnicas que podem auxiliar na avaliação e na seleção de soluções para os problemas apresentados em um projeto, e uma delas será apresentada a seguir.

**Comparação de pares**

A técnica de comparação de pares, mostrada na Matriz 3.1, é utilizada para fazer uma primeira seleção das soluções desenvolvidas. É recomendável, porém não necessário, estabelecer critérios explicitamente formulados, pois o procedimento é realizado, mais ou menos, de maneira intuitiva, ditado pela experiência profissional.

Podem-se dispor as soluções em uma matriz e confrontá-las diretamente, umas com as outras, observando sempre o(s) objetivo(s) e os requisitos estabelecidos para o projeto, sob os quais deverão ser julgadas as ideias propostas.

**Matriz 3.1 – Comparação de pares**

|    | C1 | C2 | C3 | C4 | C5 | S | Ordem |
|----|----|----|----|----|----|---|-------|
| C1 |    | 0  | 0  | 0  | 0  | 0 | 5     |
| C2 | 1  |    | 1  | 0  | 0  | 2 | 3     |
| C3 | 1  | 0  |    | 0  | 0  | 1 | 4     |
| C4 | 1  | 1  | 1  |    | 0  | 3 | 2     |
| C5 | 1  | 1  | 1  | 1  |    | 4 | 1     |

Resultado: C5 >C4>C2>C3>C1
C = Conceito/ S = Solução/ Ordem= Ordem do conceito selecionado

Deve-se fazer a seguinte pergunta: "Qual é melhor: solução/ conceito 1 ou solução/conceito 2? (S1 ou S3? S1 ou S4? e assim por diante). Esse tipo de decisão chama-se 0/1, pois só existem duas possibilidades da decisão: positivo (1) ou negativo (0).

## 3.11 Análise de valor

Ao contrário da valorização global da técnica comparativa, na análise de valor forma-se uma valorização parcial que apresenta suas razões e é compreensível para outras pessoas.

Para os requisitos já formulados na fase de definição do problema, são determinados pesos/valores. Esses pesos podem obedecer a uma classificação na qual a avaliação será baseada em uma escala de valor, por exemplo:

- 0 a 2: requisitos menos importantes/ opcionais;
- 3 a 4: requisitos importantes/ desejáveis;
- 5 a 6: requisitos muito importantes/ obrigatórios.

Os números apresentam os pesos dos critérios, e a determinação dos pesos deve resultar da discussão do grupo, pois uma valorização feita por uma só pessoa será muito objetiva.

Em seguida, faz-se a determinação de valor de até que ponto cada uma das soluções satisfaz os requisitos. O grau de satisfação ou de eficiência das soluções em relação aos critérios também deverá resultar da discussão do grupo. É necessário estabelecer uma escala de valorização, por exemplo, de 0 a 5. Zero indicaria que o requisito não está ou foi satisfeito, enquanto cinco indicaria uma realização ou satisfação ótima. Por exemplo:

- 0: ruim/não satisfeito;
- 1 a 2: razoável/satisfeito em parte;
- 3 a 4: bom/satisfeito;
- 5: ótimo/plenamente satisfeito.

O resultado da valorização é uma ordem das soluções que mostra quais são aquelas mais eficientes. Vejamos o exemplo da Matriz 3.2.

**Matriz 3.2 – Conceitos X requisitos**

| R<br>C | R1<br>4 | R2<br>3 | R3<br>3 | R4<br>2 | R5<br>1 | R6<br>5 | Valor | Ordem |
|---|---|---|---|---|---|---|---|---|
| C1 | | | | | | | 42 | 2 |
| C2 | | | | | | | 30 | 4 |
| C3 | | | | | | | 35 | 3 |
| C4 | | | | | | | 54 | 1 |
| C5 | | | | | | | 20 | 5 |
| C6 | | | | | | | 18 | 6 |

C – Conceitos      R – Requisitos

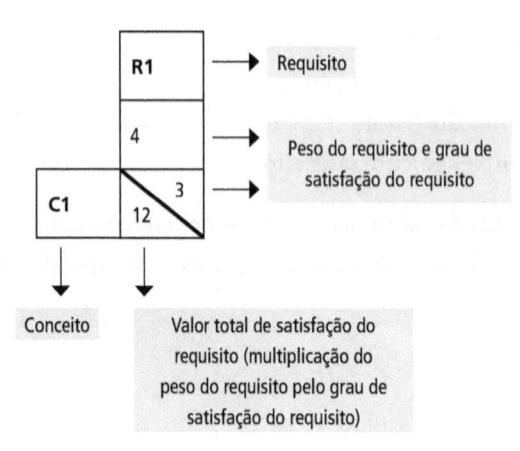

R1 → Requisito

4, 3 → Peso do requisito e grau de satisfação do requisito

C1 ↓ Conceito

12 ↓ Valor total de satisfação do requisito (multiplicação do peso do requisito pelo grau de satisfação do requisito)

Após o estabelecimento dos valores, são ordenadas as soluções, os requisitos, os pesos/valores de cada requisito e o grau de eficiência/ satisfação das soluções em relação aos requisitos determinados em uma matriz. Multiplica-se o peso do critério pelo grau de satisfação dele, e a somatória desses números representa o valor da solução em relação à satisfação dos requisitos.

O resultado da avaliação proporcionará a imagem do único produto com todos os seus detalhes estabelecidos. Isto é, não deve restar nenhuma dúvida em relação ao projeto. As que porventura surgirem posteriormente serão pequenas modificações provenientes de testes.

Os requisitos (R1, R2, R3, R4, R5, R6) são os especificados na elaboração do projeto, quando do desenvolvimento de um conceito para o produto pelo projetista.

3.11.1 **Detalhamento e otimização da solução**

Com o conceito escolhido, inicia-se o desenvolvimento do produto propriamente dito. Nessa fase, é necessário considerar e aperfeiçoar todos os aspectos relativos à produção e ao uso.

Uma pessoa que não esteja ciente dos projetos é inteirada, por meio de desenhos construtivos, sobre todas as informações úteis para preparar um protótipo. Esses desenhos são realizados de maneira clara e legível, abordando todos os aspectos, e, quando não forem suficientes, serão elaborados em modelo de tamanho natural, com materiais semelhantes aos definitivos, apresentando as mesmas características, por meio das quais, quem for executar o projeto, perceberá de forma clara o que se pretende desenvolver.

É importante lembrar que cada desenho fala por si só, e um modelo vale mais que mil desenhos. Portanto, é necessário que, em determinadas fases do projeto, se executem determinados tipos de modelos com o objetivo de facilitar o entendimento, permitindo uma visualização tridimensional do produto, observando os problemas que porventura existam e que, de certa maneira, invalidariam a solução.

Os modelos têm várias funções das quais se pode fazer uma demonstração prática – por exemplo, testes de materiais ou apresentação de um pormenor manuseável por meio do qual é possível dar conta do funcionamento de uma função de algum encaixe.

O uso de um modelo é, por vezes, superior, do ponto de vista do conhecimento, ao próprio desenho. De fato, os modelos são elaborados para melhor satisfazer a algum cliente que não consegue visualizar o objeto proposto ou projetado.

Pode-se distinguir cinco tipos de modelos, classificados quanto à função que exercem no processo projetual, descritos a seguir:

1. **Modelo de volume** – Apresenta o volume, ou contorno geral, reduzido a corpos geométricos simples.
2. **Pré-modelo** – Não é a réplica fiel de um desenho técnico; serve para corrigir e avaliar detalhes que não se consegue determinar através de desenhos. É preferível pintá-los em branco ou cinza-claro para que se controle melhor os detalhes formais.
3. **Modelo de apresentação** – Auxilia na simulação para produzir o produto, com grau de iconicidade.

4. **Modelo operativo ou modelo funcional** – Serve para ver o funcionamento de mecanismos, detalhes ergonômicos e detalhes operativos de um produto.
5. **Modelo estrutural** – Serve para mostrar a divisão do produto em partes e componentes internos ou externos.

Tendo sido eleito um produto por meio da avaliação anterior, as tarefas dessa fase objetivarão adequar as informações desse produto à linguagem própria de um sistema de fabricação.

Os meios de representação provavelmente indicarão modificações a serem efetuadas no projeto, o que caracteriza essa fase pela grande ocorrência de *feedbacks*. Estes, contudo, não devem modificar a estrutura básica do produto; se isso ocorrer, é sinal de que houve algum engano durante o desenvolvimento metodológico. Cabe, então, identificar o ponto onde isso ocorreu e fazer as reformulações necessárias.

Tendo definido um único produto, a equipe deve se dedicar à representação deste para o processo de fabricação. As técnicas mais utilizadas são, nesse caso, o desenho técnico-construtivo, que define a configuração do produto, e o protótipo utilizado para testes.

Os testes referentes ao protótipo dividem-se em duas etapas principais:

1. problemas decorrentes da fabricação dos produtos, que são mais facilmente observáveis, pois ocorrem durante o próprio processo de execução;
2. problemas decorrentes da utilização do produto, mais difíceis de serem determinados, pois exigem uma simulação.

A realização dessa etapa vai depender não só do equipamento disponível para testes de resistência a abrasão, temperatura, intempéries, choque, transporte, queda, entre outros, mas também da complexidade do produto.

O resultado da verificação certamente induzirá a modificações, tanto na produção como na utilização. Esse *feedback* não interfere na realização da fabricação de um novo protótipo, apenas em alterações que devem ser efetuadas e retestadas antes da próxima etapa.

### 3.12 Produção piloto do produto

Assim como o protótipo serviu para testar o comportamento do produto, a produção piloto se destina à checagem do desempenho do projeto junto ao sistema de produção. A série "0" (zero) simula a produção real, diferenciando-se desta pela fabricação de poucas unidades.

Por suas características intrínsecas, essa fase exige assessoria de um técnico especializado, ou seja, a produção piloto é a fase de transição entre o trabalho do projetista e o do engenheiro de produção. Caberá a esse profissional estabelecer as alterações, tais como: fluxograma de fabricação e montagem; modificações no *layout*, métodos e padrões de trabalho; e balanceamento das linhas de produção utilizando elementos de fluxograma que evidenciem as mudanças no processo de fabricação, conforme exemplo da Figura 3.6.

Figura 3.6 - **Exemplo de fluxograma do processo de fabricação**

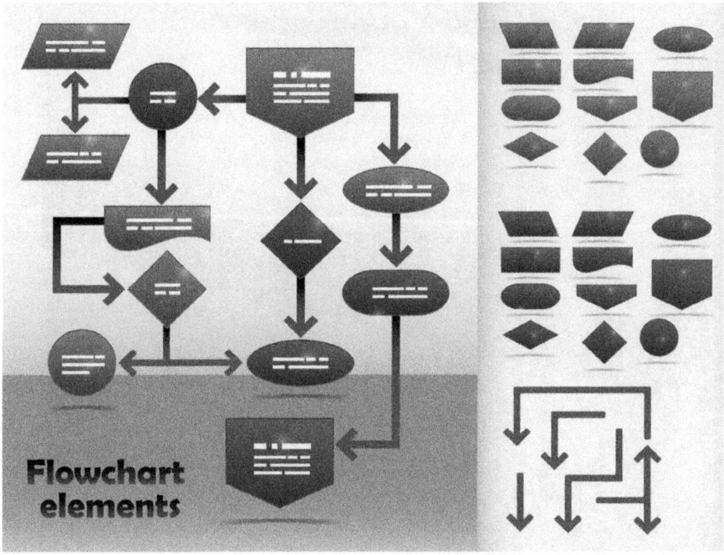

O desenvolvimento de um produto industrial envolve todas as unidades organizacionais de uma indústria, por isso é importante que haja um fluxograma de fabricação ou fluxograma de processo de fabricação, como mostrado na Figura 3.6, para que se inicie uma produção piloto do produto que será executado.

REDPIXEL.PL/Shutterstock

CAPÍTULO 4

# ETAPAS DO PROJETO

Neste capítulo, apontamos as etapas que devem ser seguidas para um bom desenvolvimento de projeto. Apresentaremos ainda técnicas e ferramentas que auxiliam a geração de alternativas para criação do produto a ser executado no projeto.

## 4.1 Problematização

A problematização é a primeira etapa para o desenvolvimento de um bom projeto e faz parte da fase informativa deste. Abarca algumas subetapas, como o contexto do problema (identificação das necessidades e do público-alvo), a formulação e a definição dos objetivos e a justificativa para o desenvolvimento do projeto. A seguir, apresentamos a sequência de como essa parte do processo se desdobra, incluindo a definição do tema ou assunto e a identificação do problema, além de técnicas para identificação de problemas.

### 4.1.1 Temática do projeto

De acordo com Silva e Menezes (2005), a problematização do projeto é uma área de interesse quando se pretende produzir um objeto. Nesse sentido, a definição de tema na área de design de produtos significa escolher uma parcela determinada de um objeto, estabelecendo limites ou restrições para a execução deste. A definição do assunto pode ocorrer baseada na sua observação diária, na vida profissional, em catálogos, em contato com especialistas, em pesquisa de mercado e em estudo da bibliografia especializada. Em projetos acadêmicos, o assunto está ligado às linhas temáticas dos orientadores (Silva; Menezes, 2005).

Ainda conforme Silva (2005), para a escolha do tema, deve-se considerar a atualidade e a importância, a informação por parte do autor, a preferência e a aptidão do indivíduo para trabalhar com o assunto escolhido.

O tema deverá ser apresentado de forma contextualizada e de modo mais abrangente, restringindo-se gradualmente a uma abordagem mais específica de maneira a centralizar no problema a ser tratado. Todo problema (ou necessidade) está envolto em um contexto, ou seja, o entorno que influencia ou é influenciado por ele, carecendo, assim, de uma resolução para harmonizá-lo.

Para Moles (1974), *entorno* é tudo que envolve uma pessoa no espaço e no tempo. O indivíduo recebe mensagens de seu mundo exterior, que atua sobre ele em um circuito de retorno de informações que se fecha sobre seu entorno. O entorno possui duas classes: (i) aquela mais próxima ao homem, ou tudo o que está ao seu redor e que ainda não foi modificado pela biologia; e (ii) aquela mais longe, que implica no afastamento e exige um esforço físico e psicológico do indivíduo (Moles, 1974).

Em primeiro lugar, o objeto intervém como prolongamento da ação do indivíduo. Em seguida, o objeto é transmitido como um sistema de informação da sociedade, convertendo-se, assim, em mensagem social, ou seja, emerge do mundo dos homens (Moles, 1974).

O ambiente ou entorno, na realidade, refere-se às imediações em que o problema está inserido. Para sua identificação, é necessário estabelecer razoáveis fronteiras, identificando limites. O primeiro passo consiste em excluir toda entidade que não apresente qualquer interação com o problema. Isso exige a delimitação do ambiente, partindo da modificação dos componentes e dos tipos de interação.

São componentes do ambiente:

- atores – pessoas, usuários, operadores etc.;
- fatos que atuam e têm influência sobre o problema – leis, costumes, aspectos econômicos, físicos, tecnológicos, mercadológicos etc.;
- entidades – características da interação entre atores em relação a fatos e procedimentos.

A interação entre entidades ocorre quando uma **interfere** no modo de se comportar, na posição ou em qualquer característica de outra entidade ou exerce um **controle** sobre esta. Essas duas interações são ótimos meios para se eliminar do macroambiente aquilo que não será motivo de preocupação para o gerenciamento do projeto e, assim, verificar os limites do ambiente de interesse. O que não interfere nas entidades nem as controla, não pertence ao projeto.

### Formulação do problema

O Dicionário Eletrônico Houaiss da Língua Portuguesa (Houaiss; Villar; Franco, 2001) define *problema* como um tema controverso, que ainda não teve uma resposta satisfatória em qualquer área do conhecimento e que "pode ser objeto de pesquisas científicas ou discussões acadêmicas". Problema pode ser um obstáculo, um contratempo, uma situação difícil, o mau funcionamento de alguma coisa, pobreza, miséria, desgraças, e exige determinação e muito esforço para ser solucionado. Para Gomides (2002), um problema acadêmico consiste em dizer, de maneira explícita, clara, compreensível e operacional, qual a dificuldade com a qual nos defrontamos e que pretendemos resolver.

O problema, em design, é uma situação que exige solução por parte do designer por meio do emprego de métodos e técnicas exclusivas voltadas ao processo de produtos específicos para solução de problemas.

Conforme Valeriano (2001), a identificação do problema é a primeira parte crítica do processo para solucioná-lo. É preciso diferenciar problema e consequência, causa e efeito. Nesse sentido, a solução tem de se constituir em diminuição da causa, e não do efeito; portanto, é preciso atacar o problema, e não suas consequências.

As consequências do problema surgem de necessidades ou expectativas insatisfeitas ou, ainda, de diferenças entre uma atual situação e uma almejada. Quando verificado o efeito, ou o que surge ao observador, passa-se à determinação da causa ou do problema propriamente dito. Poderá haver também mais de uma causa concorrendo para um só efeito.

**Técnicas para identificação de problemas**

Na sequência, vamos tratar dos principais métodos para identificação de problemas.

**4.1.3.1 Diagrama de causa e efeito ou diagrama de Ishikawa ou ainda espinha de peixe**

Trata-se de um método composto por uma seta horizontal apontando para um efeito observado, que corresponde a um sintoma ou uma necessidade, conforme apresentado na Figura 4.1.

Figura 4.1 - **Diagrama de Ishikawa ou espinha de peixe**

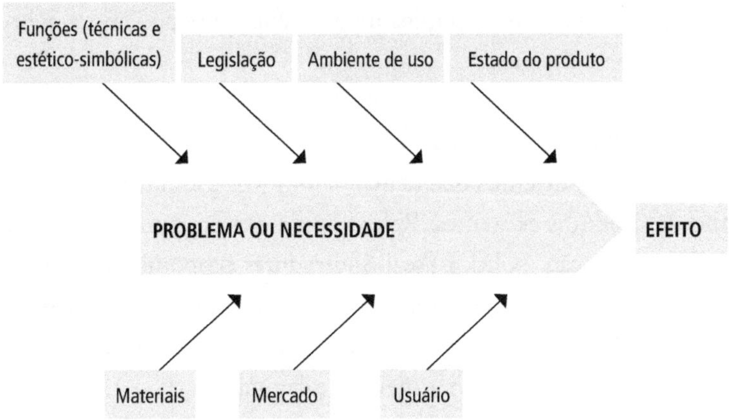

```
Funções (técnicas e
estético-simbólicas)    Legislação    Ambiente de uso    Estado do produto

              ↘           ↘              ↘                ↘

        ┌─────────────────────────────────────────┐
        │   PROBLEMA OU NECESSIDADE          →    │    EFEITO
        └─────────────────────────────────────────┘

              ↗           ↗              ↗

         Materiais     Mercado         Usuário
```

Fonte: Oliveira, 2007, p. 27.

Concorrendo para a seta principal, juntam-se outras setas, que representam as causas de primeiro nível do efeito observado, as quais concorrem para outras setas de segundo nível, e assim sucessivamente até as causas se esgotarem. A partir do conhecimento das causas, identificam-se as mais importantes ou que devem ser atingidas em primeiro lugar, ou aquelas que dizem respeito à área de atuação do designer.

#### 4.1.3.2 Sequência dos "porquês"

Ao se verificar um sintoma, como diminuição nas vendas do produto, por exemplo, passa-se a perguntar "por quê?". Obtendo-se uma resposta, repete-se a pergunta sucessivamente até que se chegue à causa fundamental.

O problema de design pode ser de diversas naturezas, podendo ser explicitado pelo cliente ou pelo designer com o cliente. Oliveira (2007) aponta alguns exemplos de problemas que podem ser solucionados pelo designer.

**Problemas econômicos**

São fatores externos que demandam novos produtos ou redesenho de produtos existentes. Referem-se a crescimento econômico, recessão, inflação, política fiscal, indicadores econômicos, salários, índices de preços. Como fatores internos da empresa, pode ocorrer aumento de dívidas, baixa margem de lucro, fraquezas financeiras para novos negócios e investimento de capital.

**Problema de produção**

Produtos que perdem mercado em razão da qualidade de produção, que é um fator de intervenção do designer.

**Dificuldade de vendas**

Produtos com dificuldade de vendas no mercado motivada pela oferta de produtos ou pela melhor qualidade dos produtos concorrentes, que são problemas que necessitam da intervenção do designer.

**Problemas políticos**

Mudanças em leis e regulamentos, mudanças políticas para estabilizar ou desestabilizar a economia também podem requerer intervenções do designer para atender a essas modificações no que se refere ao produto.

**Problemas sociais**

Tendências demográficas, mobilidade social, migração, aumento do nível de instrução, consciências ecológica e cultural, além do aumento de expectativa de vida da sociedade, podem exigir mudanças nas estratégias das empresas, sendo fundamental a intervenção do designer.

Oportunidade é a ocasião própria das ofertas que aparecem no mercado e que podem influenciar a inovação de produto quanto a aspecto de materiais, processos, sistemas funcionais, configuração etc.

**Inovação tecnológica**

O acelerado desenvolvimento de novos materiais, novos processos de produção e novas tecnologias exige das empresas mudanças constantes nos produtos e nos processos para se adequar ao mercado.

**Demanda de mercado**

A procura por produtos ainda não oferecidos pode ser um indicativo de necessidade de desenvolvimento ou redesenho de produtos. Pode ser um produto disponível no mercado, que está ultrapassado, ou uma necessidade ainda não satisfeita por nenhum produto existente. Os consumidores estão mudando seus hábitos influenciados por fatores indicativos de necessidades de novos produtos.

**Demanda com base na decisão de compra**

Com referência à decisão de compra, todo produto deve satisfazer, além da necessidade original para a qual foi concebido, necessidades psicológicas e emocionais, as quais são decisivas no processo de compra (Acar Filho, 1997).

A formulação do problema ou da oportunidade surge da procura de mercado ou da oferta por nova tecnologia:

- **Demanda de mercado**: Procura no mercado por um produto com atributos desejados ainda não ofertado. Pode ser um produto melhor que o oferecido pela contratante do projeto ou decorrente da necessidade ou do desejo ainda não satisfeito por nenhum produto existente.
- **Oferta de tecnologia**: Novas tecnologias desenvolvidas pelas universidades ou centros de pesquisas, as quais possibilitam a criação de novos produtos pela aplicação de um novo material, novo processo de fabricação ou novos mecanismos ou sistemas funcionais.

A definição do problema ou da oportunidade deve ser estratégica e se configurar em vantagem de mercado. A análise recai nos produtos existentes, que competem diretamente com o produto a ser projetado, verificando-se as vantagens funcionais oferecidas aos usuários que incentivam na decisão de compra. Os produtos existentes são analisados baseados em duas visões estratégicas de mercado:

1. **Produtos populares**: As características desse tipo de produto referem-se a funções de uso, matéria-prima e custos de fabricação, considerando que o preço final de venda deve ser competitivo.
2. **Produtos sofisticados**: As características desse tipo de produto remetem à qualidade dos materiais, usabilidade e valores estéticos formais.

A formulação do problema ou da oportunidade deve reconhecer os elementos que o compõem, como:

- **Empresa demandante**: Parte interessada no desenvolvimento do projeto que gerou a demanda do problema ou da oportunidade.
- **Mercado**: Universo delimitado em que se encontram os potenciais usuários do projeto.
- **Usuários**: Pessoas que vão usar o produto para atender suas necessidades e seus desejos.
- **Ambiente de uso**: Local onde se dá o processo de interação entre o usuário e o produto.
- **Estado atual do produto**: Como o produto encontra-se atualmente em termos de estrutura, sistemas funcionais, materiais, tecnologia disponível etc.
- **Materiais e processos**: Em alguns casos, os materiais e os processos são definidos a *priori*, sendo alguns produtos oriundos de materiais e processos.

As restrições estabelecem limites para o processo do produto buscando não distanciar o resultado da situação real da empresa. Segundo Oliveira (2007), as restrições podem ser de três tipos:

1. aproveitamento de máquinas e equipamentos existentes;
2. uso de pontos de venda ou conquista de novos pontos de venda;
3. incorporação de tecnologia ou novo componente já disponível.

A formulação do problema deve surgir de reuniões e discussões com o cliente, por meio de um *briefing*, e deve ser escrita de forma clara e objetiva para evidenciar o que o projeto se propõe a solucionar (Oliveira, 2007).

4.1.4 **Necessidades do mercado e público-alvo**

Verificar o mercado que se quer explorar e suas necessidades vai direcionar as análises referentes à interação entre o usuário e o produto e definir o conceito de estilo do produto a ser desenvolvido.

Para Moles (1974), uma necessidade é uma construção, isto é, algo criado ou realizado pelo ser humano que representa uma força na zona cerebral e organiza a ação para transformar em certa direção uma situação insatisfeita existente.

A necessidade pode ser provocada por processos internos ou, com maior frequência, por forças ambientais, acompanhada de um sentimento ou emoção particular que pode ser intensa, durável ou momentânea. Em geral, persiste e dá lugar a certo tipo de conduta ou de fantasia franca. Essas características dão uma primeira imagem do que são as necessidades.

A antropologia clássica divide as necessidades em duas categorias: (i) primárias, que correspondem aos aspectos vitais, das quais depende a existência do ser humano; e (ii) secundárias, formadas pelas necessidades da sociedade ou que surgem das relações entre os seres humanos e são impostas ao indivíduo, que poderia sobreviver fisicamente sem satisfazê-las, mas isso implicaria a segregação do indivíduo no meio social.

Simões (1976) afirma que todo ser humano tem cinco necessidades básicas, as quais podem servir de referência para identificar demandas de mercado. São elas:

1. **Necessidades fisiológicas**: Fome, sede, sono etc.
2. **Segurança**: Relaciona-se à segurança física, à ânsia de estabilidade etc.

3. **Afetivas**: Simbolizada pelo amparo e pela filiação. O campo exploratório se encontra na ânsia do amor, no afeto e na solidariedade.
4. **Estima**: Envolve prestígio, reconhecimento, autoconfiança e aceitação social.
5. **Realização**: Desenvolvimento da capacidade de crescimento e potencial de realização pessoal.

A definição do problema deverá considerar capacidade e habilidades para solucioná-lo, recursos necessários e tempo disponível para sua execução.

### 4.1.5 Formulação dos objetivos

Segundo Silva e Menezes (2005), os objetivos referem-se àquilo que se deseja alcançar quando se realiza um propósito. Na realidade, resulta na resposta "do que" será feito para solucionar o problema. Deve resumir o que se deseja alcançar com o projeto e ser coerente com o problema. Identificado o problema, trata-se de conceber uma ou mais soluções satisfatórias para ele.

Teoricamente, o número de alternativas dos objetivos pode ser infinito, mas o conhecimento do contexto e dos componentes do problema limita a quantidade. As soluções devem ser realistas, exequíveis e descritas com clareza e exatidão, sendo possível definir um objetivo geral e objetivos específicos. O objetivo geral será apresentado de forma resumida do que se deseja alcançar, e os objetivos específicos apresentarão os detalhes provenientes dos desdobramentos do objetivo geral. A oportunidade deve apresentar a solução pretendida para o problema e especificar o benefício básico do produto, isto é, a vantagem que o usuário terá ao usar o produto em relação a outros produtos no mercado, além de especificar outros aspectos, como preço e aparência. Em síntese, o benefício básico deverá citar os fatores que irão determinar o sucesso do produto no mercado.

Cada objetivo deve ser escrito inicialmente com o verbo no infinitivo, e este deve indicar uma ação. Por exemplo: "O projeto tem como objetivo **executar** uma maca para atendimento ambulatorial, destinada aos hospitais públicos, que ofereça facilidade de uso pelos atendentes e conforto ao usuário. A solução deve ser passível de produção em oficinas de hospitais por meio do emprego de recursos técnicos, financeiros e humanos existentes"; "**Auxiliar** na melhoria da qualidade de fabricação do armário de cozinha, de modo a torná-lo mais competitivo no mercado por meio de preço e oferta de atributos de uso".

### 4.1.6 Justificativa

Quando o designer propõe o projeto, ele deve expor as motivações que o levaram a tomar tal iniciativa. Nesse sentido, a justificativa reflete "o motivo" da realização do projeto e busca as razões para a solução do problema, mostrando a importância disso para os envolvidos naquele.

O levantamento de questões deve ser realizado, principalmente, a respeito de pontos positivos, vantagens e benefícios que a solução do problema poderá proporcionar. A justificativa deve mencionar ainda as contribuições do projeto, trazendo respostas ao problema identificado. Deve-se, também, enfatizar a importância quanto às contribuições socioeconômicas, como alcance social, geração de emprego e renda; tecnológicas, como uso racional de matéria-prima e desenvolvimento sustentável; mercadológicas, como poder de compra; e ambientais, como manutenção da qualidade do meio ambiente antes e depois do uso do produto. Também é necessário justificar a viabilidade técnica e de mercado.

Assim, a justificativa deve ser escrita de forma clara, objetiva, de modo a convencer quem fizer a leitura do projeto da importância e da relevância deste, as quais justifiquem o emprego de tempo e recursos gastos para sua elaboração.

## 4.2 Coleta ou levantamento de dados

Essa etapa também se refere à fase informativa do projeto e visa subsidiar o projetista no anteprojeto, por meio da síntese desses dados. O levantamento dos dados pode ser realizado de duas maneiras:

1. Levantam-se todos os dados sobre o problema e o produto e, em seguida, realizam-se as análises, classificam-se e tabulam-se os dados, apresentando as conclusões.
2. Faz-se o levantamento de dados e, concomitantemente, realizam-se as análises, classificam-se e tabulam-se esses dados e apresentam-se as conclusões.

O levantamento dessas informações é feito em duas fontes de pesquisa e representa o primeiro contato detalhado com o tema identificado, em que se toma conhecimento do que já existe em termos de estudos sobre o assunto. As fontes são as seguintes:

1. Pesquisa bibliográfica ou em fontes como revistas e internet, com o objetivo de conhecer o estado da técnica ou o estado da arte, inteirar-se do conhecimento técnico-científico sobre os elementos, familiarizar-se com as terminologias etc.
2. Pesquisa de campo, na qual são levantados os dados reais e existentes sobre os elementos do problema e o estado atual do problema em questão. Essa pesquisa deve ser realizada no local onde em que o problema ocorre.

A pesquisa bibliográfica deve ser sucinta e direcionada exclusivamente para o foco do problema, de modo a evitar devaneios e desvio do assunto. Nessa pesquisa, são tratados mais detalhadamente o contexto e os elementos que o compõem, uma vez que é impossível levantar todas as informações no *briefing*. Deve-se buscar conceitos das tecnologias referentes ao produto, o estado em que se encontram e características de uso em outros contextos históricos, a fim de conhecer sua evolução ao longo do tempo no que se refere às mudanças e às relações de uso. É preciso também buscar informações sobre materiais e processos utilizados em diferentes épocas, usos e atributos (forma, cores, grafismos, texturas), classificação nominativa ao longo do tempo, usuários e comportamentos nos diferentes períodos.

A síntese dessa análise remete a informações que permitam releituras de configurações do passado, resgate de atributos ainda em uso e não contemplados nos produtos atuais, de materiais e processos e, principalmente, do respeito à memória dos objetos na cultura de um povo.

A pesquisa de campo mostra o estado atual do problema e o contexto em que está inserido. Nesse sentido, os dados devem ser coletados em catálogos atualizados, revistas, internet, por meio de visitas a lojas, em ambientes de uso, mediante entrevistas e aplicação de questionários com fabricantes, vendedores, usuários, fornecedores de matérias-primas, entre outras fontes pertinentes. As informações mais importantes a serem levantadas e analisadas referem-se a produtos existentes, principalmente os concorrentes, os componentes do produto, os dados sobre o mercado consumidor – especialmente relacionados aos usuários, ao ambiente de uso e à tecnologia.

Uma vez levantadas essas informações, são realizadas as análises com o objetivo de identificar os problemas específicos e indicar recomendações e informações que serão relevantes para a geração de conceitos de solução para os problemas identificados.

Por fim, o levantamento de dados refere-se a métodos e técnicas de estudo, metodologia científica, design e entorno. As técnicas utilizadas na pesquisa de campos são textos, fotografias, tabelas, entrevistas, questionários, desenhos esquemáticos etc.

### 4.3 Análise de dados da pesquisa de campo

Na sequência, veremos como é realizada a análise e a interpretação dos dados coletados em campo, última etapa da fase informativa, a fim de que se tornem úteis para a tomada de decisão relacionada ao desenvolvimento do projeto.

#### 4.3.1 Análise dos produtos existentes

Nessa etapa é feita a análise comparativa dos produtos, assim como a análise de produtos concorrentes com bases em atributos em formato de lista ou tabela cruzada.

Essa análise compara os atributos e identifica os pontos positivos, que poderão ser utilizados no projeto, bem como os pontos negativos, que deverão ser evitados. Devem ser analisadas informações sobre o produto existente, quando for necessário redesenhá-lo, e de produtos concorrentes e similares, quando se tratar de um novo produto.

Os atributos a serem registrados são os seguintes:

- nome e descrição do produto;
- fabricantes, se possível;
- função principal do produto;
- cores predominantes no produto;
- detalhes da forma do produto;
- elementos decorativos do produto (se houver);
- informações em destaque (se houver);
- dimensões;
- materiais;
- acabamento;
- configuração.

A análise dos dados deve conter os seguintes itens relacionados ao produto:

- maior destaque visual;
- cores mais eficientes;

- detalhes funcionais que podem ser aproveitados;
- material que está mais evidente;
- pontos positivos que podem ser aproveitados;
- pontos negativos identificados;
- vantagem competitiva aproveitada;
- desvantagens que podem ser transformadas em vantagens;
- técnicas: pesquisa, registro fotográfico, construção de tabelas e desenhos.

### 4.3.2 Análise estrutural

Nessa análise, os produtos existentes são verificados de modo que sejam identificados seus atributos, as vantagens e desvantagens de cada estrutura, de modo que seja possível conhecer as diversas soluções relacionadas aos sistemas funcionais e de estrutura que podem ser aproveitados ou otimizados.

A análise consiste em estruturar a árvore hierárquica do sistema, identificando os subsistemas, os componentes, assim como as funções de cada subsistema e elementos.

Nesse sentido, devem ser analisados os seguintes aspectos relacionados ao produto:

- princípios de montagem;
- tipos de uniões e fixações;
- tipos de carenagem;
- funções técnicas dos componentes e mecanismos;
- materiais e componentes;

- processo de fabricação;
- mecanismo de acionamento e controles;
- sistemas de informações existentes no produto.

Ao se reconhecer os componentes e a estrutura do produto, é possível identificar os pontos de correções, otimizações e adição ou subtração de elementos funcionais, assim como definir o uso de materiais e processos de fabricação adequados.

Aqui também se deve fazer uma análise da relação do produto com o ambiente. Nesse sentido, devem ser observadas as ações do ambiente sobre o produto (condições meteorológicas, sujeiras, vandalismo etc.) e as ações do produto sobre o ambiente (simbologia, *status*, ecologia etc.). É preciso dar atenção especial aos recursos renováveis relacionados ao material utilizado, assim como o impacto do descarte final do produto no meio ambiente.

Técnicas utilizadas nesta etapa são: desmontagem de produto, construção esquemática de desenhos e diagramas.

### 4.3.3 Análise das características do usuário

Essa verificação objetiva estudar as relações entre o usuário e o produto sob os aspectos simbólico e psicológico, em que se analisa o produto sob o viés do prestígio social.

O primeiro passo é conhecer o público-alvo e, mais especificamente, o usuário do produto em análise, considerando os seguintes tópicos:

- predominância de sexo;
- faixa etária;

- escolaridade;
- ocupação;
- condições econômicas;
- valores culturais;
- classe social.

Hábitos de consumo também devem ser investigados, por exemplo: de que forma o consumidor compra o produto, quais necessidades procura sanar, como toma a decisão de compra, quem de fato compra o produto.

Essas informações auxiliam na identificação de expectativas e anseios, pois o produto é projetado para suprir necessidades. Identificar hábitos e valores dos usuários e reconhecer as condições técnicas, econômicas e ecológicas é fundamental para que o designer defina critérios apropriados em função das características dos usuários. Esses critérios, quando bem determinados e claros, facilitam o desenvolvimento de conceitos relacionados ao processo de interação entre o usuário e o produto.

Segundo Newman, Sheth e Mittal (2001), existem diversos perfis que definem os consumidores, quais sejam:

- **Defensivos**: Conservadores, apreensivos, preestabelecidos, reservados.
- **Equilibrados**: Valorizam *status*, são imaginativos, racionais, produtivos, multifacetados e lutadores.
- **Abertos**: São autossuficientes, seletivos, aventureiros, audazes, conceituais e realizadores.
- **Coerentes**: Seguros, práticos, reflexivos, ordenados, satisfeitos, prospectivos.

- **Impulsivos**: Dependentes, influenciáveis, emotivos, esforçados, ágeis e inovadores.
- **Dominantes**: Ativos, realizados, autoconfiantes, extrovertidos, diferentes, experimentadores.

Os dados devem ser registrados em uma imagem que caracterize a essência do consumidor e, por meio de palavras-chave, capte a essência das características do perfil do usuário.

As técnicas utilizadas aqui são a pesquisa em institutos de pesquisas sociais, como o Instituto Brasileiro de Geografia e Estatística (IBGE), Instituto Brasileiro de Defesa do Consumidor (Idec), Instituto Brasileiro de Opinião Pública e Estatística (Ibope), e a aplicação de questionário ou entrevista. Os registros podem ser textuais, tabulados ou por imagens.

#### 4.3.4 Análise ergonômica ou de usabilidade

O objetivo dessa análise é conhecer as características de usabilidade e as funções que dizem respeito à relação produto-usuário, podendo ser realizada em três etapas: diagnóstico, recomendações e análise. É também conhecida como *análise das funções biofisiológicas*.

O primeiro passo da análise consiste em conhecer os componentes da tarefa: produto (meio material, como produtos, equipamentos e ferramentas que executarão as ações da tarefa), objetivo de uso (finalidade do produto), usuário (tipos de usuário, quantidade necessária de usuários envolvidos, sexo, idade, exigência física, grau de instrução, tipo de treinamento exigido, experiência anterior exigida, habilidades especiais exigidas) e ambiente (condições do espaço físico onde se realiza a tarefa, clima, nível de iluminação, nível de ruído, poluição, limpeza, design do ambiente).

O segundo passo é hierarquizar as tarefas, começando pelas pré-tarefas, seguindo para o corpo da tarefa e para a pós-tarefa, estruturadas em macrotarefas, que, por sua vez, são seguidas das microtarefas, nas quais se identificam os componentes de controle (manivelas, botões, chaves, alavancas etc.) e dispositivos de informações (*displays*, mensagens, alerta sonoro etc.) e da relação entre o produto com o usuário para realizar as tarefas.

Os registros das tarefas podem ser descritivos ou tabelados, conforme apresentado no Quadro 4.1.

Quadro 4.1 - **Modelo de registro da tarefa**

| | | | REGISTRO DA TAREFA | | | | |
|---|---|---|---|---|---|---|---|
| Tarefa | Dur. | Freq. | Controle | | Informações | | Postura |
| | | | Membro | Instrumento | Estímulo | Dispositivo | |
| Tarefa 1 | | | | | | | |
| Tarefa 2 | | | | | | | |
| Tarefa 3 | | | | | | | |
| Microtarefa 1 | | | | | | | |
| Microtarefa 2 | | | | | | | |
| Microtarefa 3 | | | | | | | |
| Tarefa 4 | | | | | | | |
| Tarefa 5 | | | | | | | |
| Diagnóstico | | | | | | | |
| Recomendações | | | | | | | |

A segunda análise consiste em analisar as posturas de pegas, conforme mostra a Figura 4.2, em busca de situações-problema, de modo a propor correções e recomendações adequadas de manipulação e uso. Dependendo do caso, deve ser feita análise da célula de trabalho.

Técnicas aplicadas aqui incluem: registro de posturas de pegas e manejos; registro dos controles em forma de imagens; diagnóstico e recomendações; registro de localização e tipos de informações em termos funcionais, de escala, de localização e de área de visão.

Por fim, a terceira análise consiste nas posturas assumidas para executar as tarefas e as consequências biomecânicas das atividades realizadas nessas posturas. O registro das posturas é realizado com o auxílio de bonecos antropométricos em escala 1/10 e medidas em milímetros, a fim de avaliar a situação dimensional no processo de interação usuário-produto. Nesse sentido, são realizadas medidas estáticas, dinâmicas e funcionais, conforme mostra a Figura 4.2, a seguir. De posse das análises, é feito um diagnóstico para definir as recomendações ergonômicas e indicar soluções ou correções no produto.

Essa análise é realizada por meio da elaboração de diagramas estáticos e funcionais esquemáticos, utilizando bonecos em escala nas posturas referentes às tarefas.

Figura 4.2 – **Análise da postura para *display* de venda**

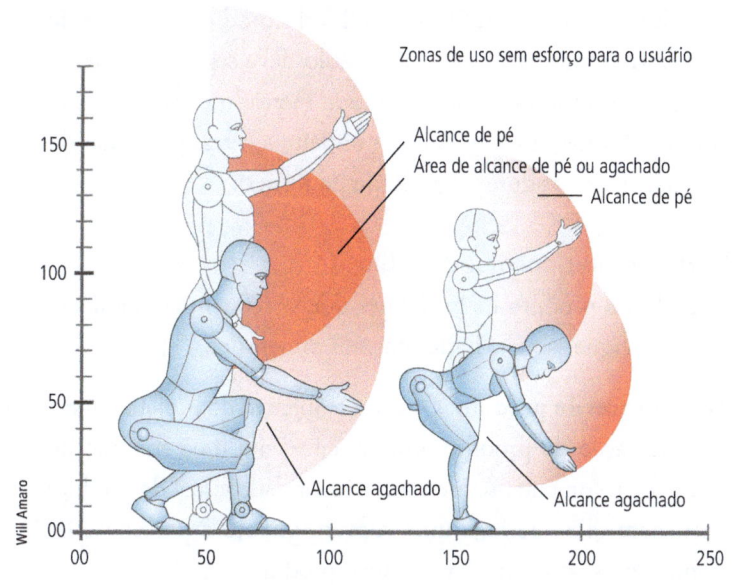

*Zonas de uso sem esforço para o usuário*
Alcance de pé
Área de alcance de pé ou agachado
Alcance de pé
Alcance agachado
Alcance agachado

Fonte: Oliveira, 2007.

4.3.5 **Análise de estilo**

A finalidade dessa análise é entender a estrutura formal de produtos, por meio da composição de características oficiais e suas transições, bem como o acabamento cromático e o tratamento de superfícies. A relação entre o produto e o usuário é experimentada mediante o processo de percepção ou pelo aspecto psicológico da observação sensorial durante o uso, principalmente pela percepção visual.

A análise do estilo, ou formal, diz respeito à aparência da estrutura do produto e deve estar em consonância com os objetivos do projeto. Segundo Baxter (2000), o estilo do produto pode ser de dois tipos: (i) contextuais, em que o estilo deve seguir o contexto do mercado do produto, sendo que cada mercado exige um estilo próprio; e (ii) intrínsecos, que dizem respeito a certas particularidades intrínsecas ao produto (significado da forma).

### Fatores condicionantes do estilo

O estilo do produto inclui fatores que se referem ao ambiente do mercado e que são analisados em três dimensões:

1. **Antecessores do produto**: Quando o objetivo do projeto remete à reestilização do produto ou este representa uma tradição no mercado, recomenda-se preservar a identidade visual do produto atual para que não haja uma ruptura quanto à percepção da forma e o usuário perceba um novo produto.
2. **Marca ou identidade do fabricante**: Certas empresas têm tradições e qualidades que definem seu sucesso no mercado, como determinada cor, como os carros da (Ferrari), ou proporções e linhas da forma do produto, como a embalagem da Coca-Cola. Nesses casos, é importante que esses atributos associados à marca sejam mantidos.
3. **Estilos dos produtos das empresas concorrentes**: O estilo dos produtos das empresas concorrentes poderá servir de referência para direcionar o estilo do produto a ser projetado, aproveitando atributos eficientes ou adotando uma diferencial quando os atributos de estilo não são eficientes. Nesse caso, deve-se analisar:

- padrão de estilo;
- se o estilo é bem elaborado ou simples;
- se existem temas de estilo;
- qual mensagem o estilo deseja passar;
- se existe alguma mensagem sobre as funções do produto;
- se existe alguma mensagem sobre estilos de vida e valores sociais do usuário.

**Fatores intrínsecos de estilo**

A análise de estilo de um produto remete sempre à aparência deste ou representa uma imagem abstrata. Essa imagem percebida representa o simbolismo do produto ou o que o observador percebe a respeito deste. Os valores simbólicos podem ser de dois tipos: (i) semântico, quando transmite imagens de atributos de si mesmo, adequados às suas funções (pesado, robusto, frágil, durável, delicado, veloz etc.); e (ii) simbólicos, quando transmitem certos traços pessoais e sociais dos usuários.

**Especificação de estilo**

Essa especificação consiste em levantar dados sobre o estilo dos produtos atuais e estabelecer objetivos que vão definir o estilo formal do produto a ser projetado. Os passos da análise são os seguintes:

1. Pesquisar as condicionantes do estilo (análise dos antecessores, quando se tratar de reestilização, análise dos atributos da marca do fabricante, quando for o caso, e análise dos produtos das empresas concorrentes).
2. Explorar a semântica e o simbolismo do produto, conforme mostra a Figura 4.3.

Figura 4.3 – **Esquemas para análise de semântica e simbolismo do produto**

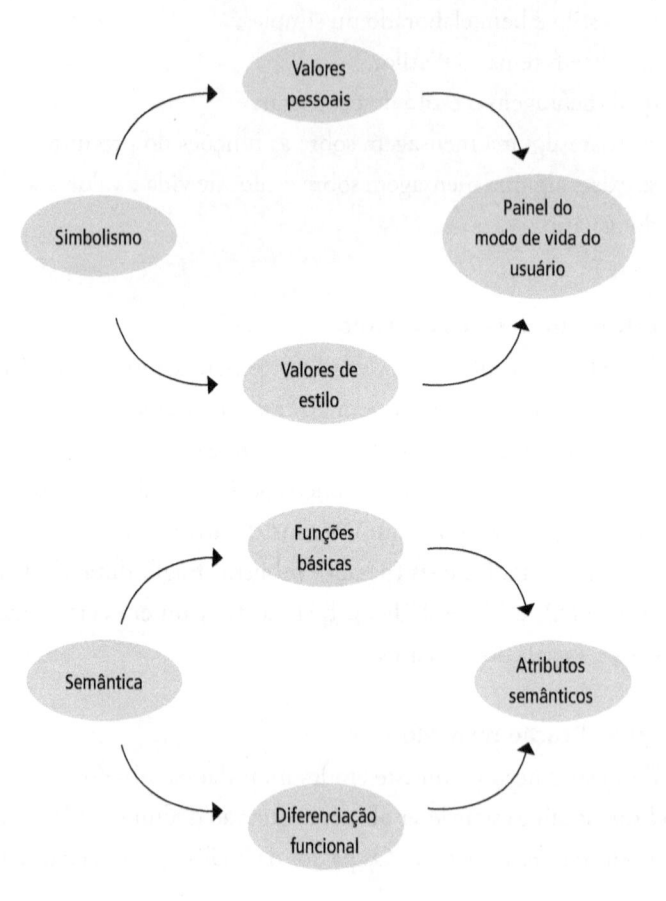

```
                    Valores
                    pessoais
                  ↗          ↘
                              Painel do
    Simbolismo                modo de vida do
                              usuário
                  ↘          ↗
                    Valores de
                    estilo


                    Funções
                    básicas
                  ↗          ↘
                              Atributos
    Semântica                 semânticos
                  ↘          ↗
                    Diferenciação
                    funcional
```

3. Produzir objetivos de estilo para o produto. Produtos de uso individual têm valores simbólicos mais perceptíveis, ao passo que produtos de funções mais técnicas têm atributos semânticos mais valorizados.

**Semântica do produto**

A base da análise semântica é a investigação dos antecessores do produto, da marca ou identidade do fabricante e dos produtos das empresas concorrentes. Essa análise consiste em listar atributos intrínsecos ao produto, adequados às funções deste, tais como:

- forma angular – expressa rusticidade;
- forma de cunha – expressa velocidade;
- forma trapezoidal – expressa estabilidade;
- formas aerodinâmicas – expressam movimentos rápidos;
- formas robustas – expressam trabalhos pesados.

Esses exemplos devem ser examinados sob aspectos relativos às sensações experimentadas pelo usuário no processo de uso.

4.3.6 **Análise da forma**

Todos os produtos em seus aspectos formais podem ser decompostos em formas geométricas básicas, as quais se configuram segundo uma ordem compositiva, como mostra o Quadro 4.2.

Quadro 4.2 – **Análise da forma**

| PRODUTO | SEMÂNTICA | SINTAXE |
|---|---|---|
| | Atributos funcionais e simbólicos intrínsecos do produto | Forma como os aspectos semânticos são percebidos através da organização da estrutura (simetria, orientação, equilíbrio etc.). |
| | • Estabilidade<br>• Simplicidade<br>• Harmonia<br>• Limpeza | • A base anelada com corpo ligeiramente cônico e equilíbrio visual da pega e do bico de saída conferem estabilidade.<br>• Formas geométricas limpas e sem detalhes com poucos elementos formais dão leveza e simplicidade.<br>• O corpo cilíndrico contrastando com a base e a pega também contrastando no sentido oposto dão harmonia ao conjunto do produto. |

Fonte: Oliveira, 2007.

## Regras gerais da percepção

Quando observamos uma imagem pela primeira vez, nosso cérebro está programado para perceber alguns padrões visuais que são arrumados em uma imagem significativa. Essa programação se baseia na nossa experiência visual, ou seja, tem fundamento no repertório adquirido em toda nossa vida.

## Percepção da forma

A percepção da forma ocorre pela segregação de unidades de forma, de estrutura perceptiva e de composição visual da forma.

A segregação é o primeiro passo na análise da forma e consiste em separar o produto em unidades básicas. O nível de detalhamento é opção de quem analisa, pois, quanto mais aprofundada for a segregação, mais detalhada será a análise das unidades de forma.

As unidades devem ser registradas quanto a formas básicas (linhas, pontos, planos, volumes), estrutura da cor (acromático, cromático, acromático-cromático, contraste de saturação, contraste de luminosidade etc.), textura física e textura figurativa, brilho, relevos positivos e negativos, formas negativas e positivas, conforme apresentado na Figura 4.4.

Figura 4.4 – **Decomposição da forma**

Fonte: Oliveira, 2007.

A organização da forma se dá pela Lei da Gestalt, pela lei do contraste, pela lei da boa continuação, pela lei da proximidade e pela lei da semelhança. Já a estrutura perceptiva da forma acontece pela organização das unidades de forma.

Os seguintes aspectos devem ser observados nessa análise:

- **Harmonia**: Organização do todo ou entre as partes de um todo. Nela, prevalecem fatores como ordem, equilíbrio e regularidade visual.
- **Ordem**: É quando se produz concordância e uniformidade entre as unidades de forma que compõem o produto.
- **Regularidade**: Ocorre quando há um processo de uniformidade entre os elementos ou um nivelamento do equilíbrio visual das unidades de forma.
- **Equilíbrio**: Acontece quando forças agem sobre um corpo, compensando-se entre si. O equilíbrio pode ser de peso, de direção e por simetria/assimetria.
- **Contraste**: Acontece quando forças se contrapõem entre si. Pode ser:

    › de tom e luz;
    › de cor;
    › vertical e horizontal;
    › de movimento;
    › dinâmico;
    › rítmico;
    › de proporção.

### Análise da composição visual da forma

Nessa análise, é preciso observar os seguintes fatores:

- **Clareza**: Um objeto é claro quando apresenta facilidade de reprodução na codificação e na compreensão por meio da boa organização dos elementos formais.

- **Simplicidade**: É caracterizada pela organização formal de fácil assimilaridade, leitura e compreensão do produto de modo instantâneo.
- **Complexidade**: Complicação visual por inúmeras unidades de forma, dificultando uma leitura rápida e exigindo maior tempo de observação para se entender a forma.
- **Profusão**: Quando se apresenta complexidade em grande número de unidades de forma. Esse realce da complexidade tende ao exagero.
- **Coerência**: Acontece quando o efeito formal se encontra integrado e harmonioso em relação ao todo formal. Expressa a compatibilidade de estilo e a linguagem formal.
- **Exagero**: Ocorre quando se exige uma configuração extravagante, visando a uma expressão visual intensa e amplificada no todo ou em partes do objeto.
- **Arredondamento**: Caracteriza-se pela suavidade e pela maciez que as formas orgânicas transmitem.
- **Transparência**: É utilizada para transmitir leveza e até certa delicadeza do objeto sob o ponto de vista sensorial.
- **Redundância**: Caracteriza-se pela repetição ou pelo excesso de elementos iguais.
- **Ambiguidade**: Fator que ocorre na indefinição geométrica ou orgânica da forma que induz à interpretação diferente daquilo que é visto. É utilizada para produzir efeitos interessantes ou surpreendentes sob o ponto de vista psicológico.
- **Espontaneidade**: Ocorre quando há uma liberdade de elementos formais inseridos de maneira livre, obedecendo a uma ordem de composição.

- **Distorção**: Caracteriza-se pela distorção do real do todo ou de parte do objeto com a finalidade de dramatizar ou instigar o observador.

A composição, então, diz respeito à organização dos elementos que compõem a forma.

#### 4.3.7 Simbolismo do produto

Os indivíduos são dotados de autoimagem baseada em valores pessoais e sociais, e os produtos fazem parte de um mosaico que se constitui na imagem projetada para outras pessoas. A imagem que os produtos projetam se refere aos valores simbólicos que preenchem as expectativas do consumidor ao adquiri-lo, o que se dá por meio da transmissão de sentimentos e de emoções.

### Emoção provocada pelo produto

Os sentimentos e as emoções percebidos pelo usuário ao utilizar o produto são vistos por meio de painéis com imagens visuais do produto em seu ambiente de uso e do estilo de vida do usuário.

### Painel de estilo de vida do usuário

Nesse painel, busca-se estabelecer a linguagem do estilo de vida do usuário do produto, de modo a refletir os traços da personalidade desse usuário explicitados por meio de valores pessoais e sociais, conforme se observa na Figura 4.5. Deve-se, assim, reproduzir o contexto de uso do produto, apresentando todos os elementos que fazem parte de seu entorno, o ambiente e tudo aquilo que possa demonstrar personalidade, sentimentos e emoções. As imagens devem ser coletadas em fontes atualizadas, devendo transmitir aspectos positivos. Se o projeto é direcionado para mais de um perfil de usuário, painéis específicos deverão ser elaborados.

Figura 4.5 – **Painel de estilo de vida do usuário**

ivastasya/Shutterstock

### Painel de expressão do produto

Nesse painel, apresenta-se uma expressão de valor pessoal e social do usuário por meio do resumo do estilo, conforme exemplificado na Figura 4.6.

O painel deve representar emoção, sentimento e personalidade a serem transmitidos pelo produto ao primeiro olhar. Nesse sentido, é necessário definir expressões ou palavras-chave como jovial, forte, relaxado, confortável etc. As imagens devem ser coletadas em fontes atualizadas e representar essas palavras-chave.

Figura 4.6 - **Painel de expressão do produto**

Luba V Nel/Shutterstock

### Painel do tema visual

Nesse painel, deve-se apresentar imagens de produtos que correspondem à expressão do produto a ser projetado. As formas desses produtos representarão fontes riquíssimas de formas visuais que servirão de inspiração para o novo produto, conforme exemplificado na Figura 4.7.

Figura 4.7 - **Painel de tema visual**

Grommik, Subbotina Anna, FIDAN.STOCK, dezign80 e Valentina Razumnova/Shutterstock

Esse painel deve conter os mais diversos produtos com os variados tipos de funções identificados ou relacionadas com o painel de expressão, exceto o produto a ser projetado.

Chaosamran_Studio/Shutterstock

# CAPÍTULO 5

# DESENVOLVIMENTO DE PRODUTOS

Neste capítulo, conheceremos os processos para o desenvolvimento do projeto de produto, que partem das necessidades mediante problematização, seguindo etapas e ferramentas que auxiliam no processo de projeto.

## 5.1 Processo de desenvolvimento

Com base nas fontes de metodologia da pesquisa e em várias obras que abordam o tema metodologia de projeto, pode-se dizer que o processo de projeto se divide em cinco etapas: (i) problematização, (ii) pesquisa, (iii) análise, (iv) desenvolvimento e (v) implantação, conforme mostra a Figura 5.1.

Figura 5.1 – **Etapas do processo de projeto**

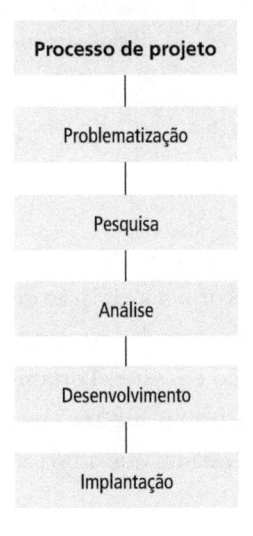

```
Processo de projeto
        |
  Problematização
        |
     Pesquisa
        |
     Análise
        |
 Desenvolvimento
        |
   Implantação
```

Cada etapa do processo se divide em várias outras etapas, em uma sequência lógica, compondo o funil de atividades mostrado nos tópicos anteriores. Pode-se afirmar que esse processo é genérico e serve para solucionar qualquer problema de design.

O processo de projeto ocorre em dois eixos: (i) horizontal e (ii) vertical. No eixo horizontal, o processo é genérico, como mostra a Figura 5.2, e se aplica às diversas atividades profissionais e à maioria da solução dos problemas. No eixo vertical, as atividades são mais específicas e dependem do tipo de problema e produto projetado (Figura 5.2), requerendo do projetista conhecimentos e habilidades específicas, bem como o uso de ferramentas de projeto compatíveis com cada projeto.

Figura 5.2 – **Os dois eixos em que ocorre o processo do projeto**

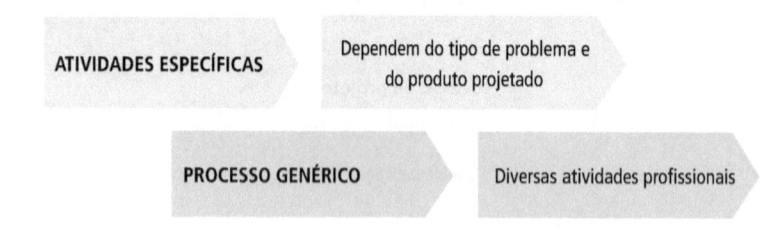

| ATIVIDADES ESPECÍFICAS | Dependem do tipo de problema e do produto projetado |
|---|---|
| PROCESSO GENÉRICO | Diversas atividades profissionais |

Na produção de calçados, por exemplo, são desenvolvidas atividades distintas das que ocorrem na criação de móveis para interiores, que, por sua vez, são diferentes das executadas no desenvolvimento de móveis para fabricação em série. Portanto, o projetista deve ter conhecimento suficiente para planejar e executar projetos coerentes sem se aventurar em atividades que ainda não tenha domínio suficiente para realizar.

Neste tópico, será abordada uma estrutura de projeto de produto adotado no sentido horizontal e em todas as soluções relacionadas a problemas e desenvolvimento de produtos. No sentido vertical, a estrutura procura abranger o máximo de soluções possíveis. Para casos específicos, subetapas podem ser acrescentadas, substituídas ou eliminadas.

A estrutura apresentada é composta por duas fases distintas e complementares: a fase informativa, mostrada na Figura 5.3, em que o designer vai obter todas as informações necessárias para solução do problema, e a fase projetiva, também exemplificada na Figura 5.3, em que o designer vai transformar todas as informações da fase informativa em um produto industrial.

Figura 5.3 – **Estrutura no sentido horizontal para o desenvolvimento de produtos**

```
Estrutura no sentido horizontal
    ├── Fase informativa
    │       ├── Problematização
    │       ├── Coleta de dados
    │       └── Análise dos dados
    └── Fase projetiva
            ├── Anteprojeto ou geração de conceitos
            └── Projeto ou detalhamento
```

5.1.1 **Fase formativa**

A fase informativa é composta por três etapas: problematização, coleta de dados e análise dos dados. Estas serão mais bem detalhadas na sequência.

**Problematização**

Essa etapa é formada pelas subetapas *briefing*, contexto do problema, formulação do problema, definição dos objetivos e justificativa, conforme apresenta a Figura 5.4. Trata-se do ponto inicial, em que o designer receberá o pedido do projeto pelo interessado para o desenvolvimento do produto, além de receber todas as informações dos interessados para definir o que será feito, para que será feito, para quem e por que será desenvolvido o produto. É o passo mais difícil de se organizar e é essencial em razão da coleta e da análise das informações, pois, quando organizada de forma objetiva e clara, determina toda estrutura do projeto final de forma fácil.

Uma problematização bem determinada permite vislumbrar o resultado já no início do projeto, possibilitando a escolha de meios mais curtos para sua execução e, consequentemente, menor investimento na sua elaboração.

Figura 5.4 – **Subetapas da problematização**

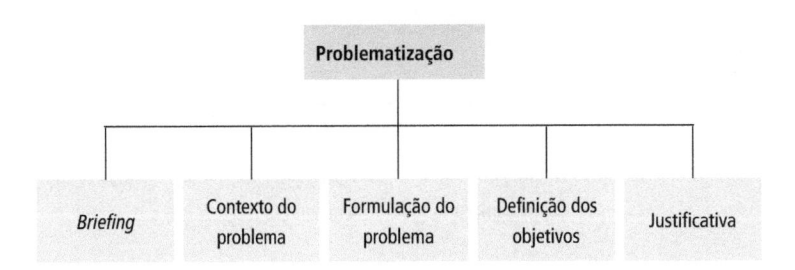

```
                    Problematização
   ┌──────────┬──────────┬──────────┬──────────┐
 Briefing  Contexto do Formulação do Definição dos Justificativa
            problema    problema     objetivos
```

Uma problematização bem-definida vai direcionar as pesquisas e a análise para o objeto de estudo, impedindo divagações e desvios da meta a ser atingida.

## Coleta de dados

Trata-se da fundamentação teórica acerca do tema e dos elementos que fazem parte do problema, tais como termos técnicos, histórico do produto e outras informações relevantes que fundamentarão a pesquisa de campo (ilustrada na Figura 5.5), a qual pode ser explorada em revistas técnicas, visitas ao entorno do produto, entrevistas e em outras fontes de informação. Esse tipo de pesquisa pode ser realizada após se finalizar a pesquisa bibliográfica ou à medida que se analisam os antecedentes.

Figura 5.5 – **Etapas da coleta de dados**

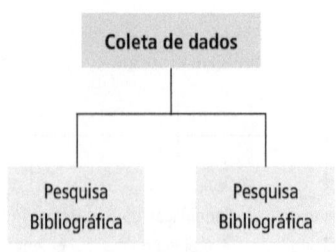

```
           Coleta de dados
          /              \
    Pesquisa           Pesquisa
   Bibliográfica     Bibliográfica
```

Toda pesquisa deve focar no problema e nos objetivos que se pretende atingir.

### Análise dos dados

A análise dos dados, exemplificada na Figura 5.6, refere-se aos antecedentes do projeto e visa examinar, minuciosamente, informações da pesquisa bibliográfica e de campo, permitindo classificar o tipo de dados por meio de uma avaliação crítica, para filtrar aqueles que serão relevantes na elaboração do anteprojeto. Para sua consecução, várias técnicas e ferramentas de análise são usadas, e os dados podem ser apresentados por meio de tabelas, listas, fotografias, desenhos esquemáticos, entre outras técnicas. A análise dessas informações culminará com a síntese que definirá as diretrizes para o anteprojeto.

Figura 5.6 – **Análise de dados**

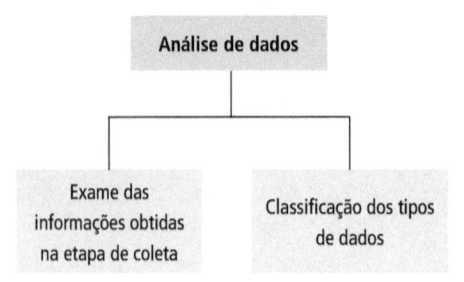

```
              Análise de dados
             /               \
      Exame das          Classificação dos tipos
   informações obtidas         de dados
   na etapa de coleta
```

5.1.2 **Fase projetiva**

A fase projetiva transformará informações em um conceito de produto configurado e preparará todos os dados para transformar o conceito em produto industrial. Essa fase é constituída pelas etapas de anteprojeto, ou geração de conceitos, e projeto ou detalhamento, que serão detalhados na sequência.

**Anteprojeto**

É a atividade de design propriamente dita, sendo a etapa mais importante do desenvolvimento do produto. Nessa fase, o designer vai transformar todas as informações dos antecedentes (como mostra Figura 5.7) em um produto constituído de funções e estrutura, a fim de atender aos objetivos propostos e solucionar problemas e necessidades dos usuários.

Figura 5.7 – **Anteprojeto**

Antecedentes → Produto

Nessa etapa, serão gerados os conceitos de solução do produto e sua configuração. Para isso, o profissional responsável se vale de todas as ferramentas e técnicas de criatividade e dos conhecimentos sobre materiais e processos de configuração de produtos e técnicas de representação bi e tridimensional.

**Projeto executivo**

Trata-se da fase em que todas as informações geradas no desenvolvimento do conceito do produto, configuração do produto e detalhamento da solução, como mostra a Figura 5.8, se transformarão em documentos técnicos, resultados de testes e protótipos que, posteriormente, se converterão em um produto industrial, no qual serão desenvolvidas as ferramentas, as cartas de processo e todo arsenal para produção em série.

Figura 5.8 – **Informações que são geradas no desenvolvimento do projeto**

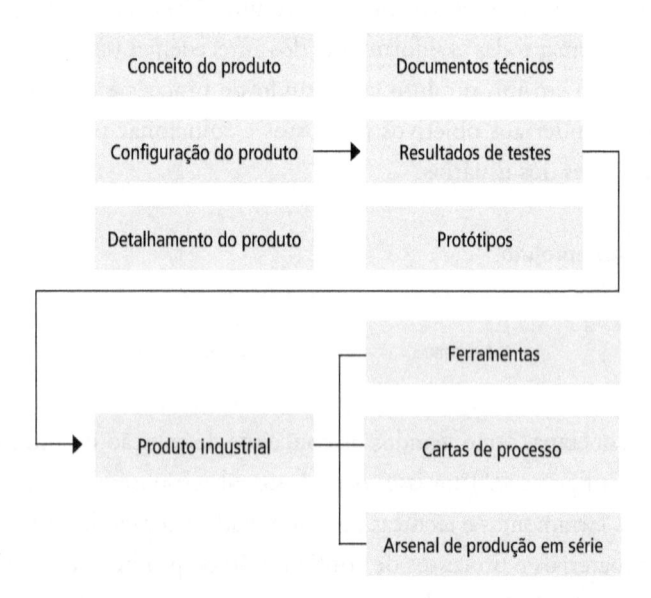

```
Conceito do produto            Documentos técnicos

Configuração do produto  →     Resultados de testes

Detalhamento do produto        Protótipos

                               ┌── Ferramentas
   →  Produto industrial ──────┼── Cartas de processo
                               └── Arsenal de produção em série
```

A Figura 5.9, a seguir, apresenta um diagrama da estrutura de projeto de produtos.

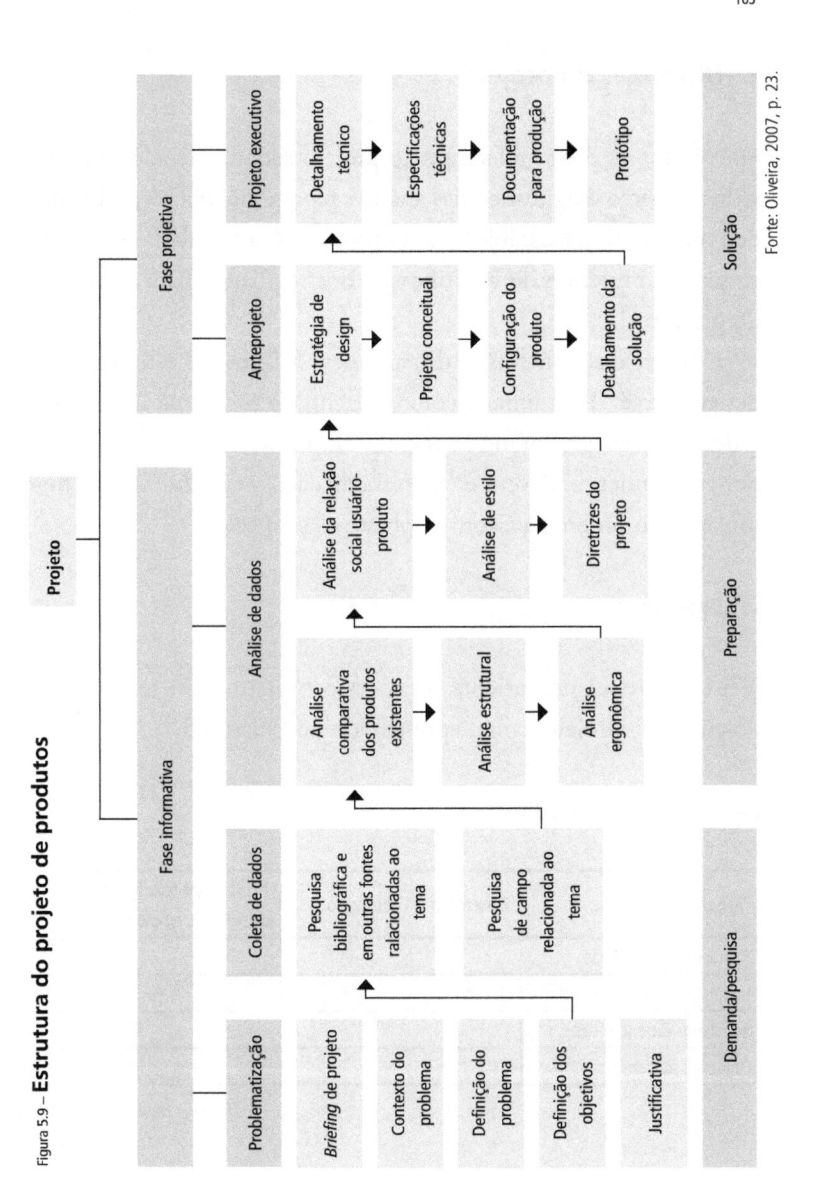

Figura 5.9 – **Estrutura do projeto de produtos**

**Projeto**

**Fase informativa**

- Problematização
  - *Briefing* de projeto
  - Contexto do problema
  - Definição do problema
  - Definição dos objetivos
  - Justificativa

- Coleta de dados
  - Pesquisa bibliográfica e em outras fontes relacionadas ao tema
  - Pesquisa de campo relacionada ao tema

- Análise de dados
  - Análise comparativa dos produtos existentes → Análise estrutural → Análise ergonômica
  - Análise da relação social usuário-produto → Análise de estilo → Diretrizes do projeto

**Fase projetiva**

- Anteprojeto
  - Estratégia de design → Projeto conceitual → Configuração do produto → Detalhamento da solução

- Projeto executivo
  - Detalhamento técnico → Especificações técnicas → Documentação para produção → Protótipo

Demanda/pesquisa | Preparação | Solução

Fonte: Oliveira, 2007, p. 23.

## 5.2 Diretrizes do projeto

Após todos os dados referentes ao projeto serem coletados e analisados, faz-se o diagnóstico das análises para solucionar o problema, de modo a atingir os objetivos do projeto. Trata-se da fase de conclusão do projeto e de identificação dos requisitos para definição do produto.

A partir das conclusões das análises, define-se a estratégia de design, isto é, determina-se como enfrentar o problema do melhor modo possível, procurando o melhor caminho a seguir. A estratégia, obrigatoriamente, deverá estar relacionada diretamente com a formulação do problema e com os objetivos propostos.

### 5.2.1. Requisitos

A lista de requisitos orienta o processo projetual em relação aos objetivos do projeto, como apresentado no Quadro 5.1.

Quadro 5.1 – **Lista de requisitos**

| Tipo de requisito | Descrição do requisito | Prioridade (obrigatório, desejável, opcional) |
|---|---|---|
| Requisitos de mercado | | |
| Requisitos estruturais | | |
| Requisitos ergonômicos | | |
| Objetivos de estilo | | |

Fonte: Oliveira, 2007.

Os requisitos são registrados separadamente e deve-se utilizar frases positivas, apresentando uma ação concreta para atender o objetivo. Os parâmetros, por sua vez, apresentam-se em termos quantitativos.

Os requisitos são identificados a partir da análise de dados e podem subdividir-se em:

- obrigatórios – aqueles imprescindíveis para o uso do produto;
- desejáveis – aqueles não obrigatórios, mas que, se atendidos, valorizam o produto;
- opcionais – aqueles que, quando inseridos ao produto, acrescem valor, porém sua ausência não interfere na qualidade do produto.

Inicialmente, os requisitos deverão ser determinados e, posteriormente, classificados obedecendo a uma ordem de prioridade ou de importância. Deverão ser listados os seguintes requisitos, conforme o tipo de projeto:

- Requisitos de mercado (verificados pela análise dos produtos existentes).
- Requisitos estruturais e tecnológicos (verificados pela análise estrutural).
- Requisitos ergonômicos (verificados pela análise ergonômica).
- Objetivos de estilo (verificados pela análise de estilo).

Outras informações, como a arquitetura existente do produto, ferramentas preestabelecidas e materiais específicos que direcionam o desenvolvimento do produto, serão essenciais nas diretrizes do projeto.

## 5.3 Anteprojeto de produtos

A fase de anteprojeto representa o desenvolvimento do design propriamente dito. Baseia-se nas informações geradas no levantamento e na análise dos dados, principalmente nos diagnósticos e nas diretrizes do projeto. Nessa etapa, são apresentados os conceitos para solução, a geração dos detalhes funcionais e a concepção de estilo do produto pelos métodos e técnicas de criação, representação e descrição das soluções adotadas.

A primeira atividade a ser elaborada é a definição da metodologia de desenvolvimento do projeto e das técnicas que poderão ser utilizadas.

### 5.3.1 Concepção do conceito de solução

A concepção do produto tem início com a elaboração do conceito de solução partindo dos objetivos e das diretrizes do projeto. Segundo o Dicionário Houaiss (2001), entende-se por *conceito* uma ideia geral e abstrata que abarca os traços essenciais de um objeto. Trata-se de conceber uma ideia geral do produto, que é o início para o desenvolvimento do projeto, partindo de um detalhe, de uma forma geral do produto, do sistema funcional, da estrutura, da aplicabilidade de um material, da concepção de detalhe de usabilidade. Para o desenvolvimento do conceito, são utilizadas técnicas de criatividade (*brainstorm*, técnica 635, permutação de elementos e busca de analogias), desenhos rápidos e croquis (esboço) com informações que servirão de base na geração de alternativas funcionais e de estilo. Em alguns casos, o *sketch model*, um modelo do produto, pode ser explorado para definição de elementos funcionais ou formais.

A escolha do melhor conceito pode ser desenvolvida conforme exemplificado no Quadro 5.2, por meio de critérios de avaliação, adotando-se, para cada critério, um valor. A soma dos valores indicará o melhor conceito.

Quadro 5.2 – **Critérios de avaliação para escolha de melhor conceito**

| Critérios | Conceito 1 | Conceito 2 | Conceito 3 | Conceito 4 |
|---|---|---|---|---|
| Coerência com os objetos | | | | |
| Solução do problema | | | | |
| Coerência com o usuário | | | | |
| Soma | | | | |

Fonte: Oliveira, 2007, p. 51.

A Figura 5.10 apresenta geração de conceitos para solução de um projeto.

Figura 5.10 – **Geração de conceitos para projeto de ônibus**

Devem ser gerados tantos conceitos quanto necessários, até que se defina uma solução viável e em consonância com os objetivos e as diretrizes do projeto.

A apresentação desses conceitos deve ser elaborada expondo os métodos utilizados e os resultados em forma de croquis, os quais devem conter informações e uma breve descrição do princípio que norteou o desenvolvimento.

5.3.2. **Alternativas de soluções funcionais e de estilo**

Vejamos, na sequência, algumas opções de soluções para questões funcionais e de estilo.

**Concepção estrutural do produto**
Após a definição do melhor conceito de solução, parte-se para a elaboração da concepção de alternativas. Determina-se o *layout* de subsistemas e componentes, como elementos de união e fixação, necessários ao funcionamento do produto com suas funções técnicas e sistemas funcionais. Para a realização das soluções estruturais, utilizam-se técnicas de *brainstorm*, técnica 635, morfograma, Mescrai (técnica que será explicada adiante), simulações funcionais, entre outras. Deve-se abusar dos *sketchs*, desenhos esquemáticos e desenhos ortogonais esquemáticos, e as informações devem ser expostas em todas as soluções ("desenho falado").

A apresentação da concepção estrutural deverá ser feita por meio de um texto introdutório, mostrando como foi concebida a estrutura e os sistemas funcionais e que critérios foram usados para a escolha da melhor alternativa, e as soluções devem constar em forma de croquis, diagramas, desenho técnico esquemático e informações anexas às imagens.

**Concepção da usabilidade ou das características de uso ou ainda da ergonomia**
A concepção de usabilidade refere-se ao desenho dos dispositivos de controle e dos dispositivos do sistema de acoplamento entre usuário e produto para execução de tarefas, os quais apresentam o

processo de interação do usuário com o produto. Devem-se conceber os desenhos e as localizações dos dispositivos em função das tarefas e das posturas, das pegas e dos manejos, do desenho e da diagramação do sistema de informação, quando este se aplicar. Uma vez elaborados, os conceitos são dimensionados em função das medidas do usuário, elemento conhecido como *antropometria*.

Para elaboração da concepção dos dispositivos e da usabilidade (Figura 5.11), são empregadas antropometria dinâmica em escala, posturas e manejos em escala e diagramas de informações. A base da concepção da usabilidade é a análise ergonômica.

Figura 5.11 – **Usabilidade da viseira articulada**

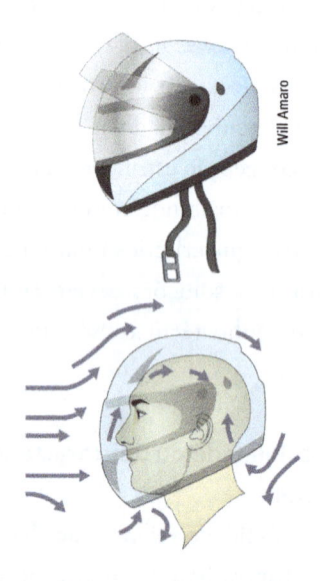

Fonte: Oliveira, 2007, p. 48.

A apresentação da concepção ergonômica deverá ser efetuada por meio de imagens do produto e do usuário no contexto de uso, mostrando que a interação usuário-produto está adequada, bem como de diagramas antropométricos em escala, demonstrando que a concepção corresponde às medidas do usuário.

**Concepção da configuração do produto**

A concepção de estilo diz respeito à forma do produto ou à configuração de seus elementos, definidos por forma, cor, superfícies, textura etc., e pode ter maior ênfase semântica ou simbólica, ou, ainda, um equilíbrio entre essas duas concepções. A base da configuração é a análise de estilo semântico dos produtos existentes e de painéis simbólicos baseados nos valores pessoais e sociais do usuário.

A concepção de estilo pode seguir um tema baseado em painéis simbólicos ou em uma forma intrínseca, fundamentada nas sensações transmitidas pelos atributos funcionais do produto.

Assim, a concepção pode fazer alusão a um tema, a sentimentos e emoções do usuário ou ser associada a um atributo semântico, como forte, robusto, veloz, suave, leve etc.

Na concepção da configuração, portanto, serão definidos os detalhes de forma, de aplicabilidade de elementos decorativos, de cores etc.

Nessa etapa do projeto, apresentam-se *renderings*, estudo de cores, cartela de tintas, amostras de acabamentos, superfícies e outros elementos formais, conforme mostra a Figura 5.12.

Figura 5.12 – **Renderings do produto**

Natykach Nataliia/Shutterstock

5.3.3. **Apresentação final do anteprojeto**

Após definir as concepções estrutural, ergonômica e de estilo, faz-se uma apresentação da concepção final do produto, a qual deve atender a objetivos, propor a solução do problema inicial e ser coerente com as diretrizes do projeto. A exposição deverá ser feita por meio de um memorial descritivo da solução final, que explicará a concepção do estilo, da estrutura e da usabilidade (ergonomia), bem como definirá se a solução atende aos objetivos e soluciona o problema apresentado no início do projeto ou atende à oportunidade identificada.

A apresentação da solução final se efetua por meio de prancha técnica, que demonstra a solução final e envolve os seguintes elementos:

- prancha de *rendering* e memorial descritivo;
- perspectiva explodida da solução (Figura 5.13), que demonstre a estrutura e a montagem do produto;
- prancha de uso do produto (soluções ergonômicas);
- prancha de cenário mostrando o produto no ambiente de uso;
- desenho técnico esquemático.

Figura 5.13 – **Perspectiva explodida**

## 5.4 Descrição de outros métodos de design

Existem métodos intermediários, ligados a várias disciplinas e a diferentes conhecimentos, que auxiliam o processo de design. Alguns são adaptações de técnicas ou ferramentas usadas em diversas áreas, como na engenharia, na publicidade, na psicologia, na administração, entre outras áreas.

Como mostrado anteriormente, o processo de projeto tem uma sequência básica constituída das fases de planejamento, análise, síntese e criatividade, havendo concordância entre os autores sobre essa sequência. Foi comprovado, ainda, que o processo de design é complexo, dinâmico e multidisciplinar. Por essa razão, no decorrer dos anos, os teóricos e praticantes do design vêm sugerindo métodos para auxiliar o designer, de modo a tornar o processo mais simples e operacional.

Segundo Tronca (2006), o designer precisa saber pesquisar, ir em busca das diferentes formas de acesso à informação, ter a capacidade crítica de avaliar, saber organizar e reunir a informação.

Os itens a seguir relatam outros métodos que podem ser apresentados ao designer, de modo que o auxiliem na solução para problemas de projeto.

### 5.4.1 Régua heurística

Pazmino (2015) descreve resumidamente a definição e como deve ser aplicada a régua heurística, informando que se trata de uma ferramenta criativa, em que a solução é obtida por meio da seleção ou da mudança associativa. Pode ser realizada também por combinação de perguntas que propõem a colocação de situações mostrando caminhos para desenvolver soluções criativas e até inovadoras.

Pazmino (2015) relata que a palavra *heurística* origina-se do grego *heuriskein*, que significa "descobrir" e designa uma verdade circunstancial, que não se verifica e não é comprovada matematicamente. Para o autor, essa é a solução que se obtém por meio da conexão, da seleção e da mudança associativa, isto é, consiste em uma ferramenta de tentativa e erro, que é um resultado constatado ou resulta de uma experiência bem-sucedida. Lembrando que o design ainda é considerado como uma atividade intuitiva, prática, e, por essa razão, pode-se tê-lo como um processo heurístico (Pazmino, 2015).

Adotar a régua heurística como uma ferramenta criativa é muito apropriado para o design; todavia, não devem ser exigidas regras, pois cada problema de projeto tem suas particularidades. Duailibi e Simonsen Jr. (2009) sugerem uma regra heurística com formato de *checklist*, que pode ser proposta como uma adaptação para o design de produtos. Para estimular a criatividade e resumir a busca de perguntas, os autores propõem também a combinação de seis perguntas básicas para nortear conscientemente o pensamento, acrescentando, ainda, nove perguntas técnicas para estimular ideias e uma lista de elementos de outros campos de conhecimento como matemática, economia, física etc. – os autores chamam essa lista de *fatores qualificantes* (Duailibi; Simonsen Jr., 2009). No entanto, para aproximá-los dos termos utilizados no design, sugerem-se características mais relacionadas a essa área, como textura, cor, forma, embalagem, dimensões, funções etc. (Pazmino, 2015).

As perguntas combinadas sugerem a colocação clara de situações que mostram o direcionamento para soluções criativas e até inovadoras. O *checklist* é uma ferramenta que serve para estimular a criatividade na fase inicial, segundo as bibliografias da área, estágio em que se sente que a solução já está ao alcance da mão, mesmo que não possa ser compreendida ou vista. São aplicadas, nessa fase, técnicas como sinética, *brainstorming*, 635, entre outras (Pazmino, 2015).

Pazmino (2015) sugere que os membros de um grupo multidisciplinar tenham em mãos papel para anotar suas ideias e, em seguida, exponham de forma clara e objetiva o problema de projeto que será desenvolvido, com seus requisitos e os diferenciais esperados. Dessa forma, são iniciadas perguntas elaboradas por cada membro da equipe, como as colocadas a seguir (Pazmino, 2015):

- Como diminuir o tamanho do produto?
- Quando deve-se adaptar novas funções ao produto?
- Como diminuir o impacto ambiental?
- Como fazer para melhorar a usabilidade do produto?

Pode haver respostas lógicas ou as mais estranhas possíveis para esses questionamentos, mas, como visto anteriormente, quando se tratou do bloqueio mental, é importante um direcionamento difuso para se ter ideias criativas.

Segundo Pazmino (2015), o *checklist* é uma técnica que serve para aplicar a régua heurística no design de produtos, na qual geralmente são feitas diversas perguntas, tanto básicas quanto técnicas, entre outras características, apresentadas na sequência.

Perguntas básicas:

- Por quê?
- Onde?
- Quando?
- Quem?
- O quê?
- Como

Perguntas técnicas:

- Usar de outra maneira?
- Adaptar?

- Ampliar?
- Adicionar?
- Multiplicar?
- Reduzir?
- Diminuir

Perguntas para conhecer as características:

- Dimensões?
- Comprimento?
- Largura?
- Altura?
- Profundidade?
- Peso?
- Volume?.

Como pode-se perceber, é possível aplicar um questionário com várias perguntas, em muitos tipos de produtos.

A aplicação da régua heurística pode ser feita pela formação de um grupo multidisciplinar, conforme indicado por Pazmino (2015), em que cada pessoa tenha a posse de um bloco de notas para escrever suas ideias. Nessa ocasião, os participantes apresentam um problema de projeto que possa ser desenvolvido, podendo iniciar com perguntas do *checklist* já elaborado. Por fim, respondendo às perguntas, podem anotar suas ideias (Pazmino, 2015).

Ressalta-se que, como qualquer técnica de criatividade, a régua heurística não objetiva dar soluções prontas, mas sim estimular a imaginação e ser um auxílio para o designer.

### 5.4.2 Memorial descritivo

Pazmino (2015) faz um resumo do memorial descritivo da seguinte forma: trata-se de um documento descritivo e explicativo que apresenta as características do produto desenvolvido e de seu processo de fabricação. Nesse memorial, deve haver uma descrição através de textos explicativos, infográficos, desenhos, tabelas, quadros, fotos etc.

Para o autor, esse material deve ser elaborado assim que o projeto for concluído, e sua descrição deve apresentar textos explicativos, desenhos, infográficos, tabelas, quadros, fotos, entre outros. Todo o detalhamento é feito no memorial, que permitirá entender o produto, bem como suas características.

Assim, fazem parte desse material todos os aspectos do projeto, desde a fase inicial do conceito até seu diferencial, como evolução tecnológica, estética, inovação, uso de novas matérias-primas, estilo e significado.

Vejamos, a seguir, os elementos básicos do memorial descritivo:

1. **Identificação**: Dados da equipe de projeto ou do designer, nome, curso, experiência, formas de contato como telefone, e-mail, site, *blog* etc.
2. **Conceito**: Descrição sucinta e objetiva do significado do produto, seus diferenciais como: inovação, ênfase, padrão estético, novos materiais, estilo etc.
3. **Fator de uso**: Descrição da antropometria, ergonomia, usabilidade, manutenção, segurança, transporte, estereotipo popular, conforto etc.
4. **Fator estrutural e funcional**: Descreve o princípio funcional, componentes partes e elementos estruturais, dimensões, elementos de união, tipo de acabamento.

5. **Fator técnico-construtivo**: Apresenta materiais, processos de produção, sistemas de montagem, detalhamento de peças, normas técnicas, ferramentas ou elementos usados na produção.
6. **Fator custo**: Descreve os custos aproximados para fabricação do produto, pode ser influída a ferramenta de custo BOM (*Bill of Material*).
7. **Fator estético-simbólico**: Inovação estética, tendências, coerência formal entre o todo e as partes, cores e acabamentos superficiais, semântica (significado do produto), elementos emocionais.
8. **Fator ambiental**: Materiais, ciclo de vida, característica de baixo impacto ambiental.
9. **Fator social**: Responsabilidade social, problemas sociais solucionados, satisfação das necessidades reais.
10. **Fator comercial-marketing**: Produção estimada, custo e lucro, possibilidades de mercado, distribuição, divulgação.
11. **Mock-up ou protótipo**: Informar os materiais, as técnicas e processos usados para confecção do *mock-up* ou protótipo e os problemas apresentados na sua confecção assim como testes e resultados destes. (Pazmino, 2015, p. 268-269)

A descrição deve ser a mais completa possível, pois o documento deve deixar claras todas as características do produto, não deixando dúvida alguma para o cliente. É importante que se utilizem recursos infográficos, propostas de manuais e desenhos para facilitar a compreensão do produto (Pazmino, 2015).

Para a confecção do *mock-up* ou protótipo, o designer deve explicar o processo para sua confecção, bem como os problemas que ocorreram durante o processo. Caso a produção do modelo justifique algumas alterações no projeto, estas devem ser especificadas e justificadas as razões técnicas, logísticas, econômicas, entre outras, que provocaram a mudança – incluindo-se, também, fotos apresentando a fabricação do modelo.

Para Pazmino (2015), no memorial, não é preciso que se tenha todos os elementos citados, apenas aqueles que descrevam as características do produto. A forma de apresentação do memorial deve ser criativa, com diagramação diferenciada, uso de formatos diversos, mas sempre que seja de fácil manipulação.

### 5.4.3 MESCRAI

O objetivo desse método é desenvolver soluções através de perguntas, sendo essa ferramenta baseada em novos objetos, resultantes de inclusão ou modificação de outros já existentes.

Essa ferramenta é originalmente denominada *Scamper*, porém é mais conhecida como *Mescrai*, que, segundo Baxter (2000, p. 63): "É uma sigla composta das iniciais de "Modifique, Elimine, Substitua, Combine, Rearranje, Adapte e Inverta".

Essa técnica pode ser utilizada tranquilamente no design, pois é uma lista de verificação para retrabalhar a solução ou melhorá-la. Pazmino (2015) afirma que essa técnica pode ainda ser escolhida por meio de perguntas utilizando o acrônimo de Scamper, da seguinte maneira:

- **S (Substitua):** O que posso substituir no material, no processo, na forma, na interface, na aparência etc.?
- **C (Combine):** O que posso combinar no material, nas cores, nos processos? Qual funções posso combinar?
- **A (Adapte):** O que posso copiar? O que pode ser adaptado?

- **M (Modifique):** O que posso aumentar ou diminuir? O que posso deixar mais resistente, que componentes posso diminuir?
- **P (Pôr):** O que posso colocar? Que outras utilidades o produto pode ter?
- **E (Elimine):** O que posso eliminar? Do que posso me desfazer?
- **R (Rearranje):** Como posso mudar a ordem, sequência etc.? O que posso reestruturar? O que posso inverter?

Assim, podem ser pensadas soluções, como diminuir o custo, elementos da forma, tamanho, cores, texturas etc. Essa ferramenta, por fim, auxilia na eliminação do bloqueio mental, favorecendo, assim, o pensamento criativo.

Aman A Dalal/Shutterstock

CAPÍTULO 6

# EVOLUÇÃO DA METODOLOGIA DE DESIGN

Este capítulo apresenta a evolução da metodologia de design do fim do século XX até o início do século XXI. Traz ainda um exemplo prático de projeto desenvolvido por uma aluna de graduação do curso de Design da Universidade Federal de Campina Grande, na Paraíba.

## 6.1 Processos metodológicos de design

As metodologias e os processos de design foram desenvolvidos e aprimorados no decorrer dos anos e tornaram-se mais flexíveis com esquemas prescritivos, substituindo métodos antigos que possuíam caráter descritivo e eram pouco flexíveis. Os novos métodos estão bem adaptados aos problemas atuais, conforme mostra o Quadro 6.1, o que possibilita vários retornos, apresentando fases mais detalhadas com diversas técnicas aplicadas ao processo.

O Quadro 6.1, a seguir, apresenta a evolução do modo de pensar sobre o processo metodológico, indicando seus autores e referenciando algumas fases ou obras importantes para a história do design, todas organizadas seguindo uma ordem cronológica.

Quadro 6.1 – **Evolução dos processos metodológicos**

| Autor(es) / ano de concepção | Obras / metodologia | Etapas do processo criativo |
|---|---|---|
| Morris Asimov (1962) | *Morphology of Design* | • Estudo de viabilidade e parâmetros de design;<br>• Fase preliminar em design, em que se escolhem as possíveis soluções;<br>• Escolha da solução. |

(continua)

(Quadro 6.1 – continuação)

| Autor(es) / ano de concepção | Obras / metodologia | Etapas do processo criativo |
|---|---|---|
| Leonard Archer (1963-1965) | A Systematic Method for Designers | • Estabelecimento de um programa;<br>• Coleta de dados;<br>• Análise;<br>• Síntese;<br>• Desenvolvimento;<br>• Comunicação. |
| Mihajlo Mesarovic (1964) | Iconic Model of the Design Process/Iconic Model of the Design Process | • Definição de necessidades;<br>• Estudo de aplicabilidade;<br>• Design preliminar;<br>• Design detalhado;<br>• Plano de produção;<br>• Produção em si. |
| John Chris Jones (1970) | Value Analysis | • Fase de definições;<br>• Fase criativa;<br>• Seleção e análise;<br>• Apresentação. |
| Siegfried Maser (1972) | Trans-Classical Science | • Problema;<br>• Objetivos gerais;<br>• Definição de problema. |
| Bernhard Bürdek (1975) | Einführung in Die Designmethodologie | • Problematização;<br>• Análise da situação atual;<br>• Definição do problema;<br>• Concepção e geração de alternativas;<br>• Avaliação e escolha;<br>• Planejamento de desenvolvimento e realização. |
| Cal Briggs Spencer Havlick (1976) | Scientific Problem Solving Process | • Estabelecimento do problema;<br>• Investigação e pesquisa;<br>• Estabelecimento de importância;<br>• Definição de objetos;<br>• Geração de hipóteses alternativas e seleção da melhor hipótese;<br>• Desenvolvimento de parâmetros;<br>• Síntese de parâmetro;<br>• Avaliação da solução. |
| Bernd Löbach (1976) | Löbach | • Análise do problema;<br>• Geração de alternativas;<br>• Avaliação das alternativas;<br>• Realização da solução do problema. |

(Quadro 6.1 – continuação)

| Autor(es) / ano de concepção | Obras / metodologia | Etapas do processo criativo |
|---|---|---|
| Bruno Munari (1981) | *Das coisas nascem coisas* | • Definição do problema;<br>• Componentes do problema;<br>• Coleta de dados;<br>• Análise dos dados;<br>• Criatividade;<br>• Materiais e tecnologias;<br>• Experimentação;<br>• Modelo;<br>• Verificação;<br>• Desenho de construção. |
| Vladimer Hubka (1982) | *General Procedural Modelo of Design Engineering* | • Atribuição do problema;<br>• Especialização do problema;<br>• Estabelecimento da estrutura funcional;<br>• Elaboração do conceito;<br>• Elaboração do *layout*;<br>• Modelo tridimensional. |
| Bruno Munari (1989) | *Comunicação visual* | • Enunciação do problema;<br>• Identificação dos aspectos e das funções;<br>• Limites;<br>• Identificação dos elementos do projeto;<br>• Disponibilidades tecnológicas;<br>• Criatividade (síntese);<br>• Modelos;<br>• Primeira verificação (soluções possíveis);<br>• Cronograma;<br>• Protótipo. |
| John Gero (1990) | *FBS-Model* | • Formulação do problema;<br>• Síntese;<br>• Análise;<br>• Avaliação;<br>• Reformulação;<br>• Produção de descrição de design. |

(Quadro 6.1 – conclusão)

| Autor(es) / ano de concepção | Obras / metodologia | Etapas do processo criativo |
|---|---|---|
| Roozenburg Enkels (1995-1998) | Basic Design Cycle | • Análise;<br>• Síntese da solução;<br>• Simulação (prever as propriedades do novo artefato);<br>• Avaliação;<br>• Decisão. |
| Nigel Cross (1990-2000) | Four Stage Design Process | • Objetivos e requisitos;<br>• Geração de alternativas;<br>• Avaliação de alternativas;<br>• Refinamento dos detalhes. |
| Ernst Eder (2007) | General Procedural Modelo of Design Engineering | • Estabelecimento de uma lista de requerimentos;<br>• Estabelecimento de um plano de design;<br>• Estabelecimento do processo de transformação e da estrutura funcional;<br>• Estabelecimento da estrutura de construção em nível menos detalhado;<br>• Estabelecimento da estrutura de construção em nível mais detalhado;<br>• Produção de modelo, testes e desenvolvimento. |
| Neves, A. M. M.; Campos, F. F. C.; Barros, S. G.; Campello, S. B.; Aragão, I; Castillo, L. (2008) | XDM – eXtensible Design Methods | • Exploração do problema;<br>• Geração de alternativas;<br>• Seleção de alternativas;<br>• Avaliação de alternativas;<br>• Descrição. |

Fonte: Elaborado com base em Vasconcelos, 2009.

Observou-se, nos últimos anos, a partir da década de 1990, o desenvolvimento de modelos do tipo prescritivo com etapas cíclicas e não lineares, em razão de processos longos, que apresentam testes e constantes verificações em cada fase.

## 6.2. Modelos e processos tradicionais

Nos cursos de graduação em Design do país, o ensino do método é desenvolvido com base nos modelos e processos tradicionais, os quais são destacados por autores tidos como referência, como Bonsiepe (1984), Baxter (2000) e Löbach (2001). Os modelos estão detalhados a seguir.

### 6.2.1 Modelo de bonsiepe

Bonsiepe (1984) afirma que a metodologia projetual orienta o designer a desenvolver o processo. Apresenta em seu método o problema como o principal item a ser desenvolvido, como apresenta o esquema da Figura 6.1.

Figura 6.1 – **Método Bonsiepe**

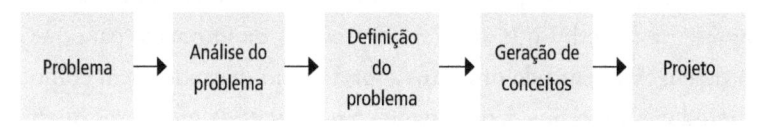

Problema → Análise do problema → Definição do problema → Geração de conceitos → Projeto

Fonte: Elaborado com base em Bonsiepe, 1984.

No modelo apresentado por Bonsiepe (1984), são trabalhadas as metodologias para gerar ideias. O método que ele utiliza é linear e fechado, dando maior importância na análise da estruturação do problema, o qual foi definido nas fases iniciais de desenvolvimento do produto.

Para Bonsiepe (1984), uma metodologia projetual é como uma receita de bolo, que direciona a um resultado que é dado e sempre leva a um sucesso no final da etapa. Esse autor afirma que "o processo projetual deveria ter um pensamento disciplinado durante as fases de projeto, pois passa de um problema para outro e isso precisa de habilidade para solucionar o problema encontrado" (Bonsiepe, 1984).

Dessa forma, o modelo de processo projetual proposto por Bonsiepe parte da hipótese de que um problema inicial precisa ser solucionado durante a trajetória linear entre suas cinco fases.

No método apresentado por Bonsiepe (1984), são trabalhadas as ferramentas para gerar as ideias. O método proposto por ele é linear e fechado, dando ênfase maior à análise e à estruturação do problema, o qual foi definido nas fases iniciais de desenvolvimento do produto.

### 6.2.2 Modelo de Baxter

Baxter (2000), por meio de seu modelo projetual para gerenciamento de projeto, traz uma proposta que se refere ao desenvolvimento de novos produtos, procurando unir mercado e engenharia. Ele apresenta métodos que auxiliam o processo de inovação, para que o desenvolvimento de produtos sobreviva no mercado, bem como métodos e conceitos denominados *ferramentas do projeto*, os quais servem para despertar ideias, auxiliar a resolução de problemas e estruturar o desenvolvimento de tarefas do projeto.

Os métodos que estão inseridos na proposta do modelo de Baxter são: *brainstorm*, *brainwriting*, análise do problema, análise das ameaças, forças, fraquezas e oportunidades, além de pesquisa de mercado. Esses métodos tiveram origem na administração, na engenharia de produção e no *marketing*, sendo também muito utilizados na indústria.

A Figura 6.2, a seguir, apresenta o processo de desenvolvimento de produtos proposto por Baxter (2000). As atividades desse processo não têm uma trajetória linear.

Figura 6.2 – **Modelo de Baxter – processo de desenvolvimento de produto**

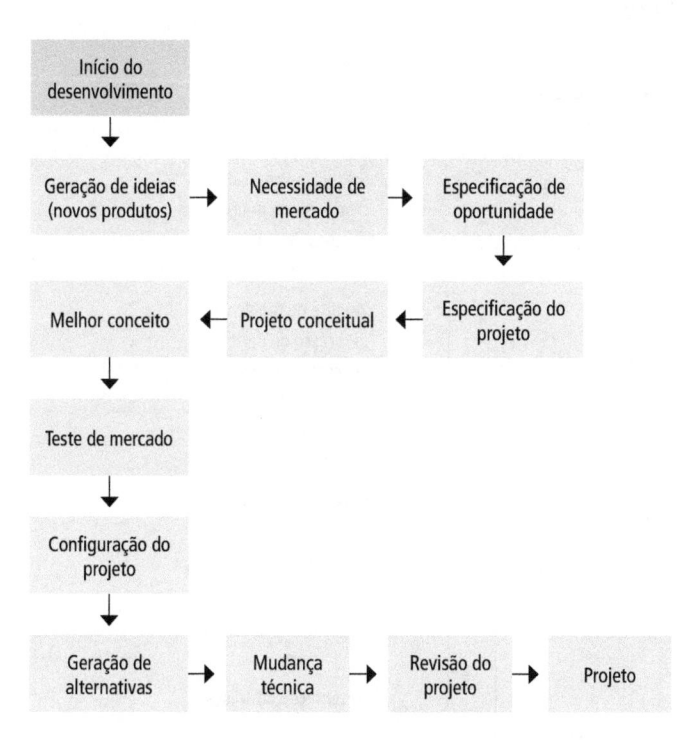

```
┌─────────────────┐
│ Início do       │
│ desenvolvimento │
└────────┬────────┘
         ↓
┌─────────────────┐     ┌─────────────────┐     ┌─────────────────┐
│ Geração de ideias│ →  │ Necessidade de  │ →   │ Especificação de│
│ (novos produtos)│     │ mercado         │     │ oportunidade    │
└─────────────────┘     └─────────────────┘     └────────┬────────┘
                                                          ↓
┌─────────────────┐     ┌─────────────────┐     ┌─────────────────┐
│ Melhor conceito │ ←   │ Projeto conceitual│ ← │ Especificação do│
│                 │     │                 │     │ projeto         │
└────────┬────────┘     └─────────────────┘     └─────────────────┘
         ↓
┌─────────────────┐
│ Teste de mercado│
└────────┬────────┘
         ↓
┌─────────────────┐
│ Configuração do │
│ projeto         │
└────────┬────────┘
         ↓
┌─────────────────┐     ┌─────────────────┐     ┌─────────────────┐     ┌─────────┐
│ Geração de      │ →   │ Mudança         │ →   │ Revisão do      │ →   │ Projeto │
│ alternativas    │     │ técnica         │     │ projeto         │     │         │
└─────────────────┘     └─────────────────┘     └─────────────────┘     └─────────┘
```

Fonte: Elaborado com base em Baxter, 2000.

### 6.2.3 Modelo de Löbach

O modelo de processo de design proposto por Löbach (2001) auxilia o contexto industrial.

A Figura 6.3 apresenta o modelo de processo de design proposto por Löbach.

Figura 6.3 – **Modelo de Löbach**

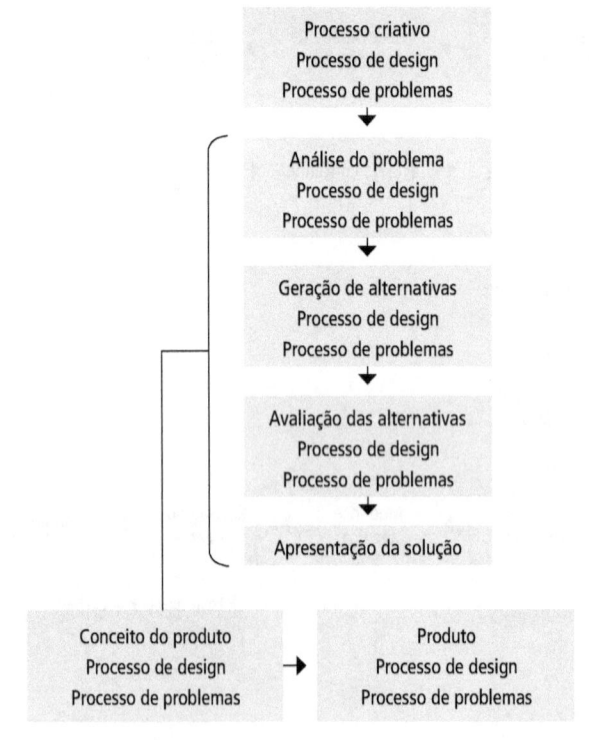

```
                    Processo criativo
                    Processo de design
                    Processo de problemas
                              ↓
                    Análise do problema
                    Processo de design
                    Processo de problemas
                              ↓
                    Geração de alternativas
                    Processo de design
                    Processo de problemas
                              ↓
                    Avaliação das alternativas
                    Processo de design
                    Processo de problemas
                              ↓
                    Apresentação da solução

    Conceito do produto                 Produto
    Processo de design       →          Processo de design
    Processo de problemas               Processo de problemas
```

Fonte: Elaborado com base em Löbach (2001, p. 140).

Löbach (2001) considera o designer um profissional criativo, capaz de produzir ideias que são utilizadas na solução de problemas. Para tanto, seu modelo de processo apresenta quatro fases, cuja finalidade é analisar e coletar dados para desenvolver alternativas, as quais serão avaliadas posteriormente e finalmente desenvolvidas, com base no conceito do produto escolhido.

## 6.3 Exemplo de aplicação da metodologia de projeto

O exemplo do projeto a seguir oferece um direcionamento ao aluno de design de como desenvolver um projeto de produto utilizando a metodologia de design abordada neste capítulo.

### 6.3.1 Projeto de produto: *kit* de jardinagem infantil para educação ambiental[1]

O projeto aqui apresentado foi realizado pela aluna Aline Chaves no curso de Design Industrial da Universidade Federal de Campina Grande (UFCG), Paraíba, no ano de 2009, e teve orientação da professora Maria Verônica Silva Pinto.

A seguir, conheceremos os tópicos e as discussões para fundamentação do desenvolvimento do projeto.

---

1  Este tópico foi elaborado com base no trabalho: CHAVES, A. **Kit de jardinagem infantil para auxiliar no ensino da educação ambiental**. (Graduação em Design Industrial) – Universidade Federal de Campina Grande, Campina Grande, 2009.

### 6.3.2 Problematização do projeto

Com pesquisas realizadas no mercado local e na internet, foi possível verificar a escassez de brinquedos educativos no que diz respeito à educação ambiental, tanto na exploração do tema "reciclagem" como do tema "preservação ambiental", assuntos tão presentes em nosso dia a dia. No que diz respeito ao tema de preservação ambiental, foi possível verificar a questão em escolas públicas e privadas.

Segundo o art. 2º da Lei n. 9.795, de 27 de abril de 1999, que trata da educação ambiental: "A educação ambiental é um componente essencial e permanente da educação nacional, devendo estar presente, de forma articulada, em todos os níveis e modalidades do processo educativo, em caráter formal e não formal" (Brasil, 1999).

Podemos encontrar algumas peças comuns aos *kits* de jardinagem, tais como: pá larga e estreita, garfos, vasos, entre outros que são classificados como opcionais. As ferramentas encontradas no mercado não possuem uma pega adequada para a mão infantil, sendo alguns muito pesados e com cabos polidos, dificultando o manuseio e o transporte. Outro problema verificado diz respeito à resistência do polipropileno utilizado para a fabricação do produto. Segundo Lima (2006), o polipropileno possui maior sensibilidade à luz UV e a agentes de oxidação, sofrendo degradação com maior facilidade quando exposto ao sol por um longo período. Outro problema diz respeito ao tipo de madeira provenientes de exploração de reservas naturais utilizada para a fabricação do cabo de ferramentas. Lima (2006) afirma que as madeiras como Castelo e Goiabão são fracas contra ataques de fungos.

Dessa forma, é possível verificar que os *kits* de jardinagem infantil (Figura 6.4) encontrados no mercado não são capazes de satisfazer de forma adequada e específica as necessidades a que se destina o produto, uma vez que os materiais utilizados na fabricação deste agridem o meio ambiente, o que gera uma contradição em relação ao tema proposto neste projeto.

Figura 6.4 – **Criança com kit de jardinagem**

Tverdokhlib/Shutterstock

De acordo com Dias (1993), a educação ambiental tem como função principal estimular e fornecer ampliação dos conhecimentos que expõem os diversos mecanismos legais de ação individual e coletiva e, ainda, estimular o exercício responsável e consciente da cidadania, tanto em crianças como em adultos.

O *kit* de jardinagem tem a conscientização, a responsabilidade, a competência, a sensibilidade e a cidadania como funções principais para a educação da criança ainda na escola. Segundo Piaget (1999), as atividades grupais têm importante simbolismo no desenvolvimento da criança no período de pré-operação, em que ela desenvolve a capacidade simbólica, distinguindo assim um significado – por exemplo, imagem, palavra ou simbolismo.

Segundo Richmond (1981), a partilha de materiais e de experiências em brinquedos e o empenho em tarefas semelhantes força a criança a uma forma comum de pensamento. É em atividades grupais que a criança entra em contato com outras crianças e, assim, todas começam a perceber, aprender e pensar sobre determinada informação.

Durante as atividades de educação ambiental, tanto na escola como em casa, é possível verificar a relação entre o usuário e o produto, desde a acomodação das ferramentas, na manipulação da areia, das sementes e do vaso durante o manuseio e também durante o transporte pela alça, bem como na acomodação do kit após o seu uso. O manejo e a acomodação incorretos do material podem ocasionar sua perda, impedindo sua reutilização.

### 6.3.3 Objetivos

Na sequência, são apresentados o objetivo geral e os objetivos específicos relacionados ao projeto.

#### Objetivo geral

Propor um novo *kit* de jardinagem infantil, para ser utilizado por crianças como suporte ao ensino da educação ambiental, produzido com materiais reciclados e/ou ecologicamente corretos.

## Objetivos específicos

- Utilizar material reciclado e/ou ecologicamente correto.
- Desenvolver pegas que facilitem o manuseio do *kit*.
- Estudar as cores adequadas para o produto por meio da utilização das cores empregadas na coleta de material reciclado no Brasil.
- Permitir que o *kit* seja transportado pelas crianças para a escola e para casa.
- Permitir a acomodação adequada do conteúdo do *kit* de jardinagem, com o objetivo de facilitar seu manuseio.

### 6.3.4 Justificativa

O projeto se justifica pela ausência de um *kit* de jardinagem ecologicamente correto (confirmada por meio da pesquisa realizada na internet e no mercado local) e que atenda às necessidades reais da educação ambiental, tornando a jardinagem mais prazerosa e prática para crianças de 6 anos. Sendo assim, o produto surge como uma inovação, visto que a matéria-prima utilizada para seu desenvolvimento têm uma preocupação com a preservação do meio ambiente e a reutilização de materiais. Além de ter essa preocupação, auxilia a conscientização das crianças em relação ao consumo de produtos "verdes".

Finalmente, o projeto se justifica pela abordagem de uma temática pouco explorada pelos profissionais do desenho industrial, mas que é bastante importante, visto que se trata do desenvolvimento de um produto que agregará a questão educativa à conscientização ambiental para as futuras gerações.

### 6.3.5 Metodologia

O método aplicado para o desenvolvimento desse projeto é composto das etapas apresentadas na sequência.

**Levantamento e análise de dados**

Para o levantamento de dados, foram realizadas pesquisas na internet e em outras fontes, como catálogos que traziam informações sobre os *kits* de jardinagem existentes no mercado.

**Visitas em lojas de brinquedos**

Essa etapa teve como objetivo verificar se as lojas de João Pessoa, na Paraíba, comercializam *kits* de jardinagem para crianças. Essas informações também foram verificadas em catálogos de fabricantes de brinquedos.

Ainda, foi feita a coleta de imagens e informações de *kits* de jardinagem para o público infantil. O objetivo principal dessa análise foi a averiguação de produtos já existentes no mercado nacional e internacional, com o intuito de verificar seus pontos positivos e negativos.

## 6.4 Organograma

Seguem os organogramas apresentados nas duas etapas do desenvolvimento do projeto.

Figura 6.5 – **Etapa 1**

| Levantamento de dados | Levantamento e análise de dados | Análise ergonômica | Diretrizes do projeto |
|---|---|---|---|
| • Pesquisas<br>• Pesquisa sobre o produto e outros sistemas similares em *sites* especializados<br>• Pesquisa de campo<br>• Levantamento de imagens | • Introdução geral ao público-alvo<br>• Análise comparativa dos produtos da mesma categoria<br>• Análise do conteúdo dos *kits*<br>• Análise estrutural e funcional<br>• Análise (da percepção) da forma | • Interação homem-produto<br>• Requisitos da tarefa<br>• Diagrama hierárquico<br>• Diagrama estratégico<br>• Análises de pegas e manejos<br>• Painéis temáticos | • Requisitos e parâmetros |

Figura 6.6 – **Etapa 2**

| Painel de referências | Anteprojeto | Projeto |
|---|---|---|
| | • Geração de alternativas<br>• Alternativa I<br>• Alternativa II<br>• Alternativa III<br>• Escolha da alternativa | • Material e processo de fabricação<br>• Peças e componentes<br>• Estudo de cor<br>• Sistema funcional<br>• Usabilidade<br>• Desenho técnico<br>• *Rendering* |

## 6.5 Levantamento e análise de dados

Durante a pesquisa realizada na internet e no mercado local, foram analisados *kits* de jardinagem para o público infantil com a função principal de incentivar a educação ambiental tanto na escola como em casa e a conscientização da preservação do meio ambiente. Assim, foram observadas algumas características comuns aos *kits* de jardinagem, levando em consideração marca, dimensão, forma, materiais utilizados na estrutura, ergonomia e manuseio.

O objetivo foi analisar os pontos negativos e positivos dos *kits* de jardinagem infantil.

## 6.6 Público-alvo

A educação ambiental na escola e em casa é recomendada para as crianças em desenvolvimento, já que elas se encontram em idade escolar e em fase de aprendizagem. Esse projeto tem ênfase na fase de crescimento, na qual as crianças conseguem assimilar as informações e desenvolvem muitas atividades práticas. O público-alvo desse projeto são crianças de ambos os sexos, a partir de 6 anos.

A partir dessa faixa etária, as crianças encontram-se, segundo os estágios de desenvolvimento de Piaget (1999), no estágio operatório concreto (dos 6 aos 12 anos), no qual são capazes de aceitar o ponto se vista do outro, levando em conta mais uma perspectiva, podendo representar transformações, assim como situações estáticas. Dentro dessa faixa etária (dos 6 aos 12 anos), as crianças têm a capacidade de classificação, agrupamento e reversibilidade, além de conseguirem realizar atividades concretas, que não exigem abstração.

Na educação ambiental, nessa fase, as crianças de 6 anos iniciam os primeiros contatos com o cultivo de plantas com o auxílio de adultos. Esse ensinamento pode ser passado para as crianças tanto pelos pais como pelas professoras, por meio de livros infantis e passeios para observação do meio em seu entorno.

Em relação a essa faixa etária, caracterizada pelo estágio de desenvolvimento, as crianças poderão cultivar plantas e observar todas as etapas do processo de crescimento destas de uma forma mais investigativa.

## 6.7 Análise comparativa dos produtos da mesma categoria

Considerando os *kits* de jardinagem infantil observados, foi elaborado o Quadro 6.2, enfatizando os detalhes formais e os pontos positivos e negativos que devem ser evitados no projeto a ser desenvolvido.

A seguir, vemos no quadro a análise comparativa dos produtos que apresentam a mesma categoria.

Quadro 6.2 – **Detalhamento dos *kits***

| | *Kit* de ferramentas infantil | *Kit* de jardinagem infantil | *Kit* para jardim |
|---|---|---|---|
| Nome do Produto | | | |
| Quantidade de peças | 5 peças | 4 peças | 3 peças |
| Função principal | Auxiliar as crianças durante a atividade de jardinagem e na educação ambiental. | Auxiliar as crianças durante a atividade de jardinagem e na educação ambiental. | Auxiliar as crianças durante a atividade de jardinagem e na educação ambiental. |
| Material | Polipropileno | Polipropileno | Polipropileno |
| Preço | 54,90 EUR + frete | R$ 54,90 + frete | R$ 12,90 |
| Cores | Azul, amarelo, verde e vermelho | Azul, laranja, amarelo, vermelho e verde | Laranja, verde e magenta |
| Vantagens do produto | • Possui pontos arredondados;<br>• fácil limpeza;<br>• pega adequada;<br>• estrutura de material resistente e leve, adequado para o manuseio.<br>• permite a acomodação das ferramentas durante o uso. | • Pode ser transportado pelo jardim de forma segura;<br>• compacto e permite que as ferramentas estejam sempre acomodadas.<br>• estrutura de material resistente e leve, adequado para o manuseio. | • Os cabos das ferramentas possuem ranhuras que facilitam o manejo;<br>• permite que as ferramentas sejam guardadas no interior do regador. |

(continua)

(Quadro 6.2 - conclusão)

| | | | |
|---|---|---|---|
| **Desvantagens do produto** | • Difícil acomodação após o uso;<br>• cabos não possuem entrada para descanso do material após o uso;<br>• cabos não têm ranhuras que evitam o deslizamento do material durante o manuseio;<br>• o avental não permite regulagem de altura. | • Lugares definidos para os acessórios, que não podem ser substituídos;<br>• não é resistente a impactos. | • A alça de transporte e o cabo das ferramentas não possuem pega anatômica;<br>• dificuldade de limpeza após o uso devido à presença de reentrâncias na alça e nas ferramentas;<br>• o local de acomodação das ferramentas dificulta o transporte. |
| **Transporte do produto** | • O produto é transportado na mão do usuário. | • O produto é transportado por meio de um carrinho. | • O produto é carregado pelo usuário. |

## 6.8 Análise do conteúdo dos *kits*

De acordo com a análise realizada dos três *kits* de jardinagem infantil encontrados no mercado, conforme o Quadro 6.2, foi possível observar que ocorrem variações dos itens contidos em cada um. Analisando esses itens, é possível definir os que mais se repetem, sendo, portanto, os mais utilizados na atividade prática. Essa informação será importante para a definição de conteúdo de novo *kit* que será projetado.

Para avaliar os conteúdos, elaborou-se uma lista, conforme mostra a tabela seguinte, com os itens e suas quantidades em cada *kit*, assim como se o *kit* contém ou não determinado componente.

Tabela 6.1 – **Quantidade de itens**

| Itens | *Kit* I | *Kit* II | *Kit* III |
|---|---|---|---|
| Ferramentas (quantidade e descrição) | 3 (pá larga e estreita, ancinho) | 3 (pá larga, ancinho e arrancador) | 2 (pá larga e ancinho) |
| Luvas | 1 par | – | – |
| Potes e vasos | – | 1 vaso | – |
| Regador | – | – | 1 regador |
| Sementes | – | – | – |

De acordo com a tabela, a maioria dos *kits* possui três ferramentas, sendo pá e ancinho os mais encontrados.

Os demais itens – luvas, potes/vasos e regador – aparecem todos na mesma proporção (uma vez cada), enquanto as sementes não aparecem em nenhum. Sendo assim, não há uma prioridade entre os *kits*.

Entretanto, levando em consideração o local em que serão utilizados esses utensílios, os itens sementes, vasos, luvas e regador poderiam ser fornecidos à parte.

Assim, definiu-se que os principais componentes do novo produto seriam:

- duas ou três ferramentas;
- avental;
- dispositivo de transporte e/ou armazenamento.

## 6.9 Análise ergonômica

Este tópico tem como objetivo analisar os manejos, as atividades e as tarefas realizadas durante o manuseio do *kit* de jardinagem infantil a fim de observar os sistemas de interação homem-produto, detectando possíveis problemas decorrentes dessas atividades.

### 6.9.1 Interação homem-produto

- Sistema: *Kit* de jardinagem Infantil.
- Fabricante: Mozart Toys.
- Referência: 442.
- Objetivo: auxiliar as crianças durante a atividade de jardinagem e na educação ambiental.
- Função primária: preparo da terra para plantar e acomodação de líquido no interior do regador.
- Ambiente de uso: escolar e/ou doméstico.
- Operadores: crianças de ambos os sexos a partir de 6 anos.

### 6.9.2 Requisitos da tarefa

- As ferramentas devem ter uma pega mais adequada.
- As ferramentas devem ser de um material de fácil limpeza.
- As ferramentas devem ser de material resistente.
- As ferramentas devem ter cabos arredondados.
- As ferramentas devem ter dispositivos para descanso.
- O cabo das ferramentas deve ter uma pega anatômica.
- A alça de transporte deve ter uma pega mais adequada.

- A alça do regador deve ser de material fácil de limpar.
- A base do regador deve ser de fácil remoção, a fim de facilitar a limpeza interna.
- A acomodação das ferramentas deve ser de fácil colocação e retirada.
- As ferramentas devem estar dispostas de forma adequada para facilitar o transporte do *kit*.
- A empunhadura deve atender as medidas da mão infantil (percentual de 5% e 95%).
- Todos os cantos devem ser suavizados com elementos sinuosos.

## 6.10 Análise da percepção formal

### Formato

- A estrutura do corpo e da tampa possui um formato gerado com base em um cilindro, definindo uma composição mais equilibrada entre os elementos.
- O dosador está à parte do produto, assim como as ferramentas, porém, ele possui a forma bastante representativa de uma flor.

### Reentrâncias, alto relevo e secções

- A deformação formal do corpo e da tampa do regador na extremidade superior e inferior, respectivamente, dá origem a um elemento de transição entre ambos os elementos.
- Deformação formal na extremidade superior da tampa do regador origina um elemento de transição.

- Reentrâncias elípticas da parte interna do corpo e da alça ocasionam uma leitura do que se vê no produto como elementos formais.

## Cores

A tampa, o corpo, o dosador e algumas partes das ferramentas possuem um tratamento superficial liso e brilhante nas cores laranja, verde, magenta e branca, dando uma percepção mais definida em termos da estrutura do produto.

Por meio das análises realizadas, é possível concluir que:

- os *kits* de jardinagem infantil analisados têm com material principal em sua estrutura o polipropileno;
- há uma crescente aplicação de variações cromáticas de tons vibrantes nos produtos;
- o tratamento liso da superfície aplicado no *kit* analisado facilita a sua limpeza e gera uma maior percepção formal no que diz respeito à estrutura do produto;
- em relação ao público-alvo, as cores que mais se adéquam a sua faixa etária são os tons vibrantes;
- os sistemas de fixação do corpo, da tampa e do dosador do regador são feitos por um sistema de encaixe;
- o cabo das ferramentas e a alça do regador não possuem transição brusca;
- o sistema de acomodação das ferramentas é feito por encaixe;
- o tratamento da texturização aplicado nas ferramentas do *kit* analisado facilita o seu manejo, mas gera um maior acúmulo de resíduos na estrutura do produto.

## 6.11 Requisitos e parâmetros

**Transporte**

- Deverá ser um *kit* transportável, portanto, deve conter um dispositivo com sistema de acomodação e de transporte para os utensílios.

**Ergonomia**

- Deverá ter diâmetro confortável para a pega, e o cabo das ferramentas deve possuir diâmetro entre 3 e 5 cm.
- Deverá evitar que a ferramenta escorregue da mão, utilizando-se um acabamento superficial no local da pega.
- Deverá apresentar forma que possibilite variação de pegas de acordo com o dimensionamento das mãos dos usuários. Portanto, o cabo deve ter um desenho geométrico.

**Material**

- Deverá ser fabricado de material leve, resistente e seguro, podendo ser utilizado MDF, bambu, entre outros materiais.
- O dispositivo deverá ser fabricado de sobras de tecidos resistentes e leves, portanto, o tecido de algodão colorido deve ser utilizado como material principal.

**Estrutural**

- Deverá evitar acúmulo de sujeira, portanto, os compartimentos não devem ser totalmente fechados.
- Deverá conter os seguintes itens para a atividade de jardinagem:

› duas ou três ferramentas;
› avental;
› dispositivo de transporte e/ou armazenamento.

**Organização**

- Deverá possibilitar a organização e separação dos itens por meio do uso de divisórias de variados tamanhos.

**Segurança**

- Deverá estar de acordo com as normas de segurança, portanto, não se deve usar material que apresente em sua composição nitrato de amônio, mercúrio metálico, hidróxido de lítio, amianto, ácidos e bases fortes, nem materiais que sejam facilmente inflamáveis. Também devem ser evitadas rebarbas e pontas perigosas, visando eliminar riscos que possam surgir em consequência da forma do brinquedo.

## 6.12 Geração de conceitos

Foram desenvolvidos para o projeto três conceitos, conforme apresentado nas figuras a seguir.

Figura 6.7 – **Conceito 1**

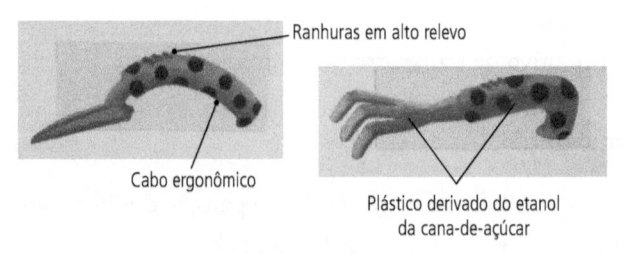

Ranhuras em alto relevo
Cabo ergonômico
Plástico derivado do etanol da cana-de-açúcar

Fonte: Chaves, 2009, p. 22.

Para o conceito 1, apresentado na Figura 6.7, desenvolveu-se um *kit* jardinagem em que a pá possui um cabo ergonômico anatômico com ranhuras em alto relevo.

Figura 6.8 – **Conceito 2**

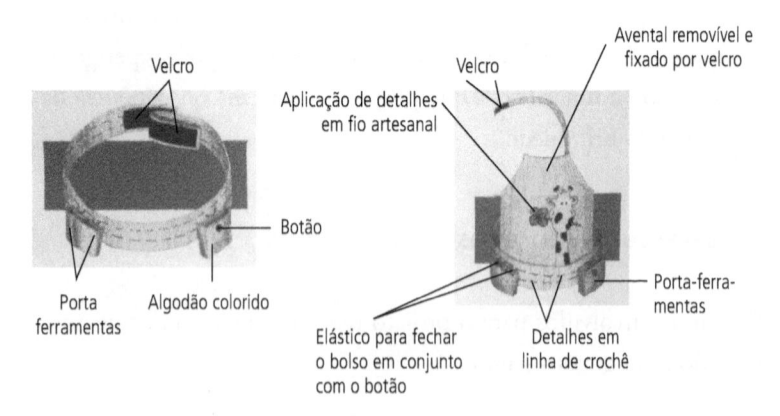

Velcro
Aplicação de detalhes em fio artesanal
Velcro
Avental removível e fixado por velcro
Botão
Porta ferramentas
Algodão colorido
Elástico para fechar o bolso em conjunto com o botão
Detalhes em linha de crochê
Porta-ferramentas

Fonte: Chaves, 2009, p. 23.

Para o conceito 2, apresentado na Figura 6.8, criou-se um avental com porta-ferramentas para o *kit* jardinagem, confeccionado em tecido de algodão colorido, com aplicações de detalhes em feltro e em crochê.

Figura 6.9 – **Conceito 3**

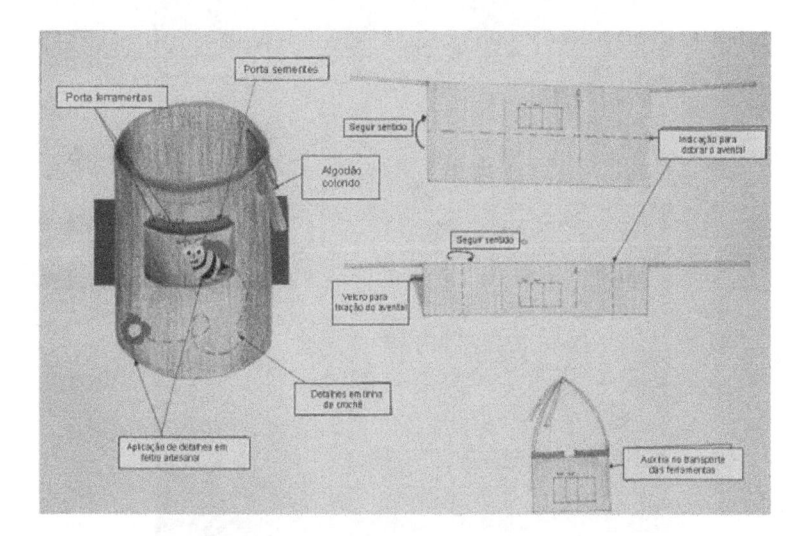

Fonte: Chaves, 2009, p. 25.

Para o conceito 3, da Figura 6.9, desenvolveu-se um avental para ser usado na cintura, contendo um bolso frontal com suporte para inserir ferramentas. Também confeccionado em tecido de algodão colorido, com aplicações de detalhes em feltro e em crochê.

O conceito selecionado foi o 2, segundo o qual foi produzido um modelo de teste em escala natural para utilização da criança na atividade de jardinagem, conforme apresentado na Figura 6.10.

Na figura apresenta-se um protótipo do avental do conceito 2, que foi selecionado, o qual foi desenvolvido para fase de teste.

Figura 6.10 – **Protótipo**

Fonte: Chaves, 2009, p. 36.

## 6.13 Conclusão

No projeto do *kit* infantil de jardinagem ecologicamente correto foram aplicadas as diversas etapas da metodologia projetual vistas ao longo do curso, podendo-se constatar sua importância desde a pesquisa de campo, que evidenciou os reais problemas e as condições de melhoria, assim como os testes feitos para assegurar um resultado final eficiente e satisfatório.

O resultado do projeto, portanto, conseguiu atingir os objetivos propostos inicialmente. Acredita-se que o novo desenho das ferramentas é bastante atrativo para as crianças, destacando-se diante de seus concorrentes, e apresenta otimização da sua funcionalidade, proporcionando conforto no manuseio, o que estimula e faz da prática de jardinagem uma atividade tão divertida e prazerosa quanto qualquer outra. O *kit* também atendeu aos requisitos de organização, estrutura, transporte e materiais que haviam sido definidos no início do projeto, sendo possível de ser transportado para a escola de forma segura e utilizado de maneira fácil e eficaz pelas crianças.

Por fim, um dos aspectos mais importantes do trabalho é que o desenvolvimento do *kit* não se trata apenas de mais um possível produto para o mercado, pois também contribui para a educação ambiental nas escolas e estimula a conscientização a respeito do meio ambiente por parte dos futuros adultos.

# CONSIDERAÇÕES FINAIS

A metodologia de projeto é um dos assuntos essenciais, se não o mais importante, dentro do design e do desenho industrial. No design, aplicam-se conhecimentos de outras disciplinas ou áreas do conhecimento via técnicas e ferramentas de projeto. Pode-se dizer, assim, que os métodos são os meios de interligação entre diversas áreas de conhecimento. Nesse sentido, entende-se que, no campo do design, a metodologia de projeto se constrói fundamentando-se em diversos conhecimentos de outras disciplinas.

Esta obra reuniu, assim, as etapas do método projetual, além de técnicas de criatividades, ferramentas para análises de projeto e outros métodos de projeto. Abordamos desde as mais antigas metodologias até as mais recentes, conhecimento que contribui para tornar o designer um indivíduo crítico, curioso, que constrói o conhecimento do tema e participa de sua construção.

Foi possível observar, ao longo do texto, que o uso das técnicas criativas se concentra no momento em que o designer tem uma ideia formada, a partir da qual são geradas alternativas para solucionar os problemas propostos. Tendo isso em vista, buscamos ressaltar a importância do conhecimento das técnicas apresentadas, bem como do processo de design, com o objetivo de apresentar as técnicas criativas mais adequadas para cada fase do desenvolvimento do projeto.

Em resumo, nesta obra, apresentamos um conhecimento teórico-prático referente aos aspectos relacionados ao processo criativo e a técnicas auxiliares para o desenvolvimento de projetos de produto, visando desenvolver a capacidade criativa e procurando valorizar as potencialidades e habilidades do indivíduo. Além disso, também pretendemos despertar a consciência crítica do leitor em relação ao desenvolvimento e à execução de trabalhos individuais ou em grupos.

Por fim, buscamos introduzir o indivíduo no desenvolvimento de projetos de produtos, enfatizando aspectos metodológicos e técnicas auxiliares utilizadas como ferramentas no processo de design.

Os capítulos demandaram alguns desafios para sua elaboração, sendo necessária a reunião de estudos de vários livros e artigos, bem como a apresentação de exemplo prático, visando auxiliar no entendimento de como utilizar a metodologia no desenvolvimento de projeto.

Consideramos que os métodos de projeto apresentados neste livro servirão de auxílio para o designer, razão por que recomendamos que sejam assimilados e colocados em prática por esse profissional.

# REFERÊNCIAS

ACAR FILHO, N. **O marketing no projeto e desenvolvimento de novos produtos**: o papel do desenhista industrial. São Paulo: Fiesp/Ciesp-Detec, 1997.

ALVES, H. de A.; CAMPOS, F.; NEVES, A. Aplicação da técnica criativa "Brainstorming Clássico" na geração de alternativas na criação de games. SIMPÓSIO BRASILEIRO DE JOGOS E ENTRETENIMENTO DIGITAL, 7., 2007, São Leopoldo. **Anais...** São Leopoldo: Unisinos, 2007. Disponível em: <http://projeto.unisinos.br/sbgames/anais/arteedesign/fullpapers/34805.pdf>. Acesso em: 2 ago. 2022.

ARCHER, L. B. **Autobiography of research at the Royal College of Art 1961-1986**. London: Royal College of Art, 2004.

ASHBY, M. F.; JOHNSON, K. **Materials and Design**: the Art and Science of Material Selection in Product Design. Amsterdam: Elsevier; Butterworth-Heinemann, 2010.

ASIMOW, M. **Introdução ao projeto de engenharia**. Tradução de José Walderley Coêlho Dias. São Paulo: Mestre Jou, 1968.

BAXTER, M. **Projeto de produto**: guia prático para o design de novos produtos. Tradução de Itiro Iida. 2. ed. São Paulo: Blucher, 2000.

BRASIL. Lei n. 9.795, de 27 de abril de 1999. **Diário Oficial da União**, Poder Legislativo, Brasília, DF, 28 abr. 1999. Disponível em: <http://www.planalto.gov.br/ccivil_03/leis/l9795.htm> Acesso em: 19 maio 2022.

BONSIEPE, G. (Coord.). **Metodologia experimental**: desenho industrial. Brasília: CNPq, 1984.

BÜRDEK, B. E. **História, teoria e prática do design de produtos**. Tradução de Freddy Van Camp. São Paulo: Edgard Blücher, 2006.

CHAVES, A. **Kit de jardinagem infantil para auxiliar no ensino da educação ambiental**. (Graduação em Design Industrial) – Universidade Federal de Campina Grande, Campina Grande, 2009.

CORONAS, T. T.; HERNÁNDEZ, M. G. **Recupera tu creatividad**: ideas y sugerencias para fomentar el espíritu creativo. Asturias: Septem, 2012.

CREDIDIO, D. de C. **Metodologia de design aplicada à concepção de jogos digitais**. 95 f. Dissertação (Mestrado em Design) – Universidade Federal de Pernambuco, Recife, 2007. Disponível em: <https://repositorio.ufpe.br/handle/123456789/3415>. Acesso em: 5 ago. 2022.

CSIKSZENTMIHALYI, M. A Systems Perspective on Creativity. In: HENRY, J. (Ed.). **Creative Management and Development**. 3. ed. London: Sage Publications, 2006.

DAALHUISEN, J. J. **Method Usage in Design**: How Methods Function as Mental Tools for Designers. Tese (Doutorado em Industrial Design Engineering) – TU Delft, Delft University of Technology, Product Innovation Management, Delft, 2014.

DE BONO, E. **Criatividade levada a sério**: como gerar ideias produtivas através do pensamento lateral. Tradução de Nivaldo Montigelli JR. São Paulo: Pioneira, 1997.

DIAS, G. F. **Educação ambiental**: princípios e práticas. 2. ed. São Paulo: Gaia, 1993.

DI NIZO, R. **Foco e criatividade**: fazer mais com menos. São Paulo: Summus, 2009.

DUAILIBI, R.; SIMONSEN JR., H. **Criatividade e marketing**. 3. ed. São Paulo, Makron Books, 2009.

DUBBERLY, H. **How do you design? A compendium of Models**. San Francisco, CA, 2004. Disponível em: <http://www.dubberly.com/wp-content/uploads/2008/06/ddo_designprocess.pdf> Acesso em: 19 maio 2022.

DUTRA, Í. M. et al. **Logical Systems And Natural Logic**: Concept Mapping to Follow up the Conceptualization Processes. In: CMC 2006 – Second International Conference on Concept Mapping, San José, Costa Rica, 2006.

FORCELINI, F. et al. As técnicas de criatividade no processo de design. **Revista Temática**, ano 14, n. 1, p. 31-46, jan. 2018. Disponível em: <https://periodicos.ufpb.br/index.php/tematica/article/view/37953/19294>. Acesso em: 19 maio 2022.

GERO, J. S. Design Prototypes: a Knowledge Representation Schema for Design. **AI Magazine**, v. 11, n. 4, p. 26-36, 1990.

GOMES, L. V. N. **Criatividade**: projeto, desenho, produto. Santa Maria: sCHDs, 2001.

GOMIDES, J. E. A definição do problema de pesquisa a chave para o sucesso do projeto de pesquisa. **Revista do Centro de Ensino Superior de Catalão – CESUC**, Ano 4, n. 6, jan./jul. 2002. Disponível em: <http://wwwp.fc.unesp.br/~verinha/ADEFINICAODOPROBLEMA.pdf>. Acesso em: 5 ago. 2022.

GUIMARÃES, M. M. **Criatividade na concepção do produto**. 150 f. Dissertação (Mestrado em Engenharia de Produção), Universidade Federal de Santa Catarina, Florianópolis, 1995. Disponível em: <https://repositorio.ufsc.br/bitstream/handle/123456789/76335/99777.pdf?sequence=1>. Acesso em: 19 maio. 2022.

HOUAISS, A.; VILLAR, M. de S.; FRANCO, F. M. de M. Dicionário Houaiss da língua portuguesa. versão 1.0. Rio de Janeiro: Instituto Antônio Houaiss; Objetiva, 2001. 1 CD-ROM.

KIM, E.; HORII, H. A study on an Assessment Framework for the Novelty of Ideas Generated by Analogical Thinking. **Procedia Social and Behavioral Sciences**, n. 195, p. 1396-1406, 2015.

LIMA, M. A. M. **Introdução aos materiais e processos para designers**. Rio de Janeiro: Ciência Moderna, 2006.

LÖBACH, B. **Design industrial**: bases para a configuração dos produtos industriais. Tradução de Freddy Van Camp. São Paulo: E. Blücher, 2001.

MASLOW, A. H. A Theory of Human Motivation. **Psychological Review**, n. 50, p. 370-396, 1943. Disponível em: <http://psychclassics.yorku.ca/Maslow/motivation.htm>. Acesso em: 18 maio 20022.

MCSHANE, S.; VON GLINOW, M. A. **Comportamento organizacional**. Tradução de Francisco Araújo da Costa. 6. ed. Porto Alegre: AMGH, 2014.

MICHAELIS. **Dicionário escolar língua portuguesa**. 4. ed. São Paulo: Melhoramentos, 2016.

MOLES, A. **Teoría de los objetos**. Barcelona: Gustavo Gili, 1974. (Colección Comunicación Visual).

MONTENEGRO, G. N. **Metodologia para desenvolvimento de projetos**: teoria, conceitos e técnicas. Campina Grande: DDI/CCT/UFCG,1999.

MORRIS, R. **Fundamentos de design de produto**. Tradução de Mariana Bandarra. Porto Alegre: Bookman, 2011.

MOUCHIROUD, C.; LUBART, T. Social Creativity: a Cross-Sectional Study of 6-To 11-Year-Old Children. **International Journal of Behavioral Development**, v. 26, n. 1, p. 60-69, Jan. 2002.

MUNARI, B. **Das coisas nascem coisas**. 2. ed. São Paulo: Martins Fontes, 1981.

NEWMAN, B. I.; SHETH, J. N.; MITTAL, B. **Comportamento do cliente**: indo além do comportamento do consumidor. Tradução Lenita M. R. Esteves. São Paulo: Atlas, 2001.

OECH, R. V. **Um "TOC" na cuca**: técnicas para quem quer ter mais criatividade na vida. **Tradução de Virgílio Freire**. São Paulo: Cultura, 1995.

OLIVEIRA, N. M. **Apostila Metodologia e Projeto**. Programa de Graduação em Design Industrial. Universidade Federal de Campina Grande. Campina Grande, 2007.

PAZMINO, A. V. **Como se cria**: 40 métodos para design de produtos. São Paulo: Blucher, 2015.

PIAGET, J. **Seis estudos de psicologia**. Tradução de Maria Alice Magalhães D'Amorin e Paulo Sérgio Lima Silva. 24. ed. Rio de Janeiro: Forense Universitária, 1999.

RAMOS, J. **A biônica aplicada ao projeto de produtos**. 132 f. Dissertação (Mestrado em Engenharia de Produção) – Universidade Federal de Santa Catarina, Florianópolis, 1993. Disponível em: <https://repositorio.ufsc.br/handle/123456789/75852>. Acesso em: 5 ago. 2022.

RICHMOND, P. G. **Piaget**: teoria e prática. São Paulo: Ibrasa, 1981.

ROOZENBURG, N.; EEKELS, J. **Product Design**: Fundamentals and Methods. 2. ed. Chichester: Willey, 1998.

ROSSITER, J. R.; LILIEN, G. L. New "Brainstorming" Principles. **Australian Journal of Management**, v. 19, n. 1, p. 61-72, jun. 1994.

ROZENFELD, H. et al. **Gestão de desenvolvimento de produtos**: uma referência para a melhoria do processo. São Paulo: Saraiva, 2006.

SILVA, E. L. da; MENEZES, E. M. **Metodologia da pesquisa e elaboração de dissertação**. 4. ed. Florianópolis: UFSC, 2005.

SIMÕES, R. **Marketing básico**. São Paulo: Saraiva, 1976.

STERNBERG, R. J.; LUBART, T. I. The concept of creativity: Prospects and paradigms. In: STERNBERG, R. J. (Ed.) **Handbook of creativity**. Cambridge: Cambridge University Press, 1999. p. 3-15.

TRONCA, S. D. **Transdisciplinaridade em Edgar Morin**. Caxias do Sul: Educs, 2006.

TSCHIMMEL, K. C. Design as a Perception-in-Action Process. In: TAURA, T.; NAGAI, Y. (Ed.). **Design Creativity 2010**. London: Springer, 2011. p. 223-230.

VALERIANO, D. L. **Gerenciamento estratégico e administração por projetos**. São Paulo: Makron Books, 2001.

VASCONCELOS, L. A. L. **Uma investigação em metodologias de design**. 94 f. Monografia (Bacharelado em Design) – Universidade Federal de Pernambuco, Recife, 2009.

WILSON, C. **Brainstorming and Beyond**: a User-Centered Design Method. Waltham: Morgan Kaufmann; Elsevier, 2013.

# SOBRE A AUTORA